10 hábitos
para iluminar tu vida
La práctica del vivir consciente

Maite Bayona

10 hábitos para iluminar tu vida

La práctica del vivir consciente

EDICIONES OBELISCO

Si este libro le ha interesado y desea que le mantengamos informado de nuestras publicaciones, escríbanos indicándonos qué temas son de su interés (Astrología, Autoayuda, Ciencias Ocultas, Artes Marciales, Naturismo, Espiritualidad, Tradición…) y gustosamente le complaceremos.

Puede consultar nuestro catálogo en www.edicionesobelisco.com

Los editores no han comprobado la eficacia ni el resultado de las recetas, productos, fórmulas técnicas, ejercicios o similares contenidos en este libro. Instan a los lectores a consultar al médico o especialista de la salud ante cualquier duda que surja. No asumen, por lo tanto, responsabilidad alguna en cuanto a su utilización ni realizan asesoramiento al respecto.

Colección Espiritualidad y Vida interior
10 Hábitos para iluminar tu vida
Maite Bayona

1.ª edición: octubre de 2016

Maquetación: *Isabel Estrada*
Corrección: *Sara Moreno*
Diseño de cubierta: *Enrique Iborra*

© 2016, Maite G. Bayona
(Reservados todos los derechos)
© 2016, Ediciones Obelisco, S. L.
(Reservados los derechos para la presente edición)

Edita: Ediciones Obelisco, S. L.
Collita, 23-25. Pol. Ind. Molí de la Bastida
08191 Rubí - Barcelona - España
Tel. 93 309 85 25 - Fax 93 309 85 23
E-mail: info@edicionesobelisco.com

ISBN: 978-84-9111-154-2
Depósito Legal: B-19.341-2016

Printed in Spain

Impreso en España en los talleres gráficos de Romanyà/Valls S.A.
Verdaguer, 1 - 08786 Capellades (Barcelona)

Reservados todos los derechos. Ninguna parte de esta publicación, incluido el diseño de la cubierta, puede ser reproducida, almacenada, transmitida o utilizada en manera alguna por ningún medio, ya sea electrónico, químico, mecánico, óptico, de grabación o electrográfico, sin el previo consentimiento por escrito del editor. Diríjase a CEDRO (Centro Español de Derechos Reprográficos, www.cedro.org) si necesita fotocopiar o escanear algún fragmento de esta obra.

No podrás cambiar nada en tu vida
hasta que no cambies algo que hagas todos los días.
El secreto del éxito se encuentra
en la constancia de tu rutina diaria.

John C. Maxwell

Introducción

La salud a largo plazo es el resultado de actitudes y hábitos saludables. El mejorar el estilo de vida cotidiano es mucho más importante que contar con la eficacia de la cirugía o los medicamentos. [...] Casi todas las enfermedades son el resultado de los hábitos que las personas han acumulado en el tiempo.

Hiromi Shinya, La enzima prodigiosa

Definición de luz

El amor es la luz de la vida.

Lama Tulku Lobsang, Amor y salud

Pasamos gran parte de nuestra vida haciendo las cosas con el piloto automático, tomando decisiones de forma impulsiva y reaccionando a las situaciones en lugar de responder a ellas con sabiduría; en cierto modo, todo eso es vivir como un zombi, un ser sin luz, dormido o inconsciente. Sin embargo, la luz de nuestra conciencia brilla en todo momento en nuestro interior porque esa luz es simplemente la esencia de lo que somos. En este pequeño manual hablaremos de hábitos que pueden ayudar a despertar nuestra conciencia, dormida en la oscuridad de una perpetua insatisfacción. Cuando se enciende la lámpara interior, la vida se vuelve no sólo más agradable, sino también más real. Cabe preguntarse entonces por qué no elegimos vivir despiertos si ello sería mucho mejor para nosotros. Por qué elegimos pensar la vida en lugar de sentirla; proyectarla en lugar de vivirla. Una vida en la que la mente pensante está al mando es cuanto menos complicada y mucho más parecida a los sueños que una que se vive con plena atención. Lo cierto es que elegimos vivir a oscuras porque cuando encendemos la luz quedan expuestos en primer lugar nuestro dolor, nuestra ira y nuestro vacío existencial. Y son en realidad estas emociones las que evitamos.

Pero distraer o evitar el dolor no lo elimina. Disimularlo tampoco nos sirve, los que están a nuestro alrededor siempre pueden percibir hasta qué punto no somos felices; nuestro cuerpo y nuestra energía dicen la verdad en un lenguaje sin voz que todos entendemos. Este dolor que hemos acallado impide que fluya la vida a través de nosotros y acabamos enfermando física y mentalmente. Para encontrar bienestar tenemos primero que reconocer ese dolor. En la primera parte de este despertar gradual hacia el vivir consciente aflorarán las emociones que hemos reprimido, quizás durante mucho tiempo. Al empezar a estar presentes el dolor y la alegría despiertan a la vez. En esos momentos nos parecerá vivir en una montaña rusa sin control. Sin embargo, es preferible el vaivén emocional a una forma de vivir anestesiada que en algún momento nos llevará a sentir que nuestra vida no tiene sentido. El alma necesita sentirse viva porque ella es vida, y si no la dejamos expresarse, tarde o temprano se inventará mil formas de hacerse escuchar a través de enfermedades y malestares. Los hábitos de vida consciente nos ayudan a despertar a la vida, pero es bueno saber que mientras despertamos quizás tengamos que pasar por un proceso más bien doloroso. Aquí te propongo hacer tus rutinas cotidianas con atención para que te sirvan de puente hacia tu claridad mental. Los hábitos de vida consciente llevan la mente al aquí y ahora, donde eres libre de pasado y futuro y donde te encuentras tan bien que dejas de querer estar en otro lugar o que las cosas sean distintas. Una mente que no proyecta deja de apegarse, de codiciar y de pelear, es decir, se va volviendo sabia y luminosa. Pero no sólo la atención consciente nos conecta con nuestra luz, también la generosidad, la amabilidad, la alegría, el regocijo, la paz… son formas de sabiduría que iluminan nuestra vida. Todas ellas son a la vez el camino y la meta. Entiendo entonces la luz como un espacio amoroso desde donde observamos las cosas y cogemos perspectiva. Poner luz es dar espacio a nuestras relaciones y a las circunstancias para que además de pensamientos y emociones, dentro de ellas haya presencia, observación y respuesta calmada. Esto sólo puede hacerse cuando nosotros accedemos en primer lugar a esa quietud interior. Existe una forma distinta de experimentar al otro y las circunstancias, una forma más amable de interactuar con la vida que descubrimos cuando la luz nos revela ese espacio amoroso.

Aprovechar la inercia del hábito

> La mente podrá decirte que no puedes liberarte de un determinado hábito; sin embargo, los hábitos no son más que repeticiones de tus propios pensamientos, y tú posees la capacidad de cambiar estos últimos.
>
> PARAMAHANSA YOGANANDA, *Donde brilla la luz*

Casi la mitad de las acciones que realizamos a diario no son decisiones del momento, sino inercias de nuestro cerebro. La inercia es un mecanismo de nuestro cerebro fundamental para la vida, sin el hábito no podríamos hacer cosas básicas como caminar, hablar o conducir un coche, por nombrar algunas. Pero más allá de estos hábitos mecánicos con los que nuestro cerebro ahorra energía, no deberíamos caer en el piloto automático cuando se trata de acciones creativas que requieren de nosotros estar atentos para captar la vida y la frescura en hechos y personas. Es por este mecanismo de inercia que cada acción que realizamos tiende a repetirse; cada vez que repetimos un acto lo reforzamos. Si un hábito está muy arraigado nos será difícil eliminarlo solo con nuestra fuerza de voluntad; de ahí que un mal hábito nos esclaviza. No obstante, existe una forma de erradicar un mal hábito: reemplazándolo por uno bueno. Podemos borrar definitivamente las huellas de un mal hábito si utilizamos nuestra fuerza voluntad no para eliminarlo sino para cultivar un buen hábito. La libertad requiere en un principio, de forma paradójica, algo de disciplina. El maestro espiritual Paramahansa Yogananda nos dice que si practicamos la atención profunda y la concentración es posible establecer a voluntad cualquier hábito, grabar nuevas órdenes en el cerebro:

> La formación de un nuevo hábito tarda un tiempo variable, según el sistema nervioso y el cerebro de cada individuo, y depende principalmente de la profundidad de nuestra atención.
>
> Paramahansa Yogananda

Es decir, la práctica de la atención plena o *mindfulness* nos ayuda a borrar los surcos profundos creados por los malos hábitos. Si estamos en un punto de nuestra vida en que sentimos que nuestra vida no mejora a pesar de tener muchos conocimientos teóricos sobre cómo hacerlo, si nos sentimos inquietos y no sabemos por dónde empezar, trazarnos un camino de buenos hábitos nos puede llevar de la inquietud a la calma y de la información a la acción. La clave es empezar, una vez empezado el camino se va haciendo solo gracias a la inercia del hábito. La inercia de los malos hábitos nos lleva a hacer lo contrario de aquello que sabemos nos haría sentir bien, pero la misma energía que nos autodestruye es la que puede liberarnos. Tracémonos un camino con nuevos propósitos y hábitos cotidianos. Nuestra responsabilidad con nosotros mismos y con nuestro bienestar empieza en esas pequeñas elecciones del día a día, que propician el gran cambio.

De la información a la sabiduría y de la teoría a la práctica a través de los buenos hábitos

> La naturaleza búdica no surge con la práctica. La naturaleza búdica es como somos naturalmente. Ésta ya la tenemos. Sólo tenemos que reconocerla.
>
> Tulku Lobsang, *Amor y salud*

Disponemos de toneladas de información nueva cada día sobre cómo vivir más sabiamente, pero la pregunta del millón es cómo ponerlo en práctica; en general, esta información no consigue motivarnos lo suficiente para que la apliquemos en nuestra vida. Por sí sola la información que recibimos es insuficiente para que se produzcan los cambios. Si creemos que ya disponemos de suficiente conocimiento, quizás seguir acumulando información sólo nos confunda y nos disperse aún más. Para que el conocimiento que poseemos pueda atravesar la capa superficial de nuestra mente, necesitamos algo que nos ayude a hacer la transición de una vida desordenada y desequilibrada hacia otra de más orden y equilibrio, y ese algo son los hábitos saludables. Ellos son el puente que nos lleva de la orilla de la teoría a la orilla de la práctica. Ellos son la equis a despejar en la ecuación de nuestro bienestar.

Información → Buenos hábitos → Sabiduría, plenitud, alegría

Coherencia y plenitud

La felicidad se alcanza cuando lo que uno piensa, lo que uno dice y lo que uno hace están en armonía.

MAHATMA GANDHI

Cada día que pasa me veo más inmersa en un proceso de no saber. Hubo un día en el que creía saber cosas, ahora voy descubriendo que nada de lo que creía saber era verdad. Cada uno de esos descubrimientos es también un saber, pero muy distinto al que surge de la mente. El conocimiento no es sabiduría. La sabiduría emerge a través del silencio, no viene del pensamiento. Por ello vamos a hablar aquí no necesariamente de adquirir nuevas rutinas, sino más bien de cómo realizar nuestras rutinas habituales de manera tal que al hacerlas nos pongamos en contacto con ese silencio interior que está en contacto con un saber más elemental. Este silencio no sólo nos lleva a la conciencia, sino que en sí ya es conciencia. El silencio de la mente equivale a suspender los juicios y las interpretaciones, es un no pensar en el que el pensamiento repetitivo e inútil se va diluyendo. Los diez hábitos de vida que aquí se exponen te ayudarán a crear ese espacio luminoso en tu interior que te conecta al saber profundo de la vida y al momento presente. Un saber que nos lleva a la coherencia entre lo que pensamos, lo que decimos y lo que hacemos. Una vez mi amigo el consejero de vida saludable David Serrato me dijo algo que no he olvidado: «La señal de la verdadera espiritualidad es la coherencia, si no somos coherentes sólo seremos espirituales en teoría». En todo caso, estos hábitos no son un método rápido para estar bien, más bien al contrario, este manual es un método para aprender a vivir más lenta y conscientemente. Para adquirirlos no necesitamos ir deprisa, esto no es una carrera para conseguir una vida perfecta o algo semejante; aquí hablamos de iluminar nuestra vida con una luz que no está separada de nosotros, por lo tanto cualquier tipo de prisa está desaconsejada. La conciencia siempre estuvo y siempre estará con nosotros, no tenemos que correr para atraparla; es lo que somos. Los buenos hábitos solamente nos vuelven más conscientes de ella. No hay nada que hacer ni que completar, nada que alcanzar en un futuro, nada que conseguir. No vamos a tener más amor cuando sigamos estos hábitos del que ya tenemos ahora, pero sí seremos más conscientes de la abundancia y la belleza que nos rodean en este momento y lugar. Las sencillas rutinas del día a día pueden ayudarnos a hallar la serenidad que necesitamos para estar bien con nosotros mismos. Si nos aplicamos en estos hábitos de vida consciente, el espejo de la realidad al final nos acabará mostrando al ser más precioso del universo; porque todo lo que miramos con conciencia es belleza y esa belleza es lo que somos.

Profundizar en el amor a uno mismo a través de las pequeñas rutinas cotidianas

> Hemos de cambiar radicalmente nuestra forma diaria de vivir, porque la felicidad, la propia vida, se encuentran dentro de nosotros mismos.
>
> THICH NHAT HANH, *El verdadero amor*

Este pequeño manual nace con la idea de profundizar en la práctica del amor a uno mismo de la que se trata en mi libro *Artesanía del amor;* un amor definido como presencia o atención. La atención es el foco de luz que ilumina cada paso que damos, sin ella caminamos a oscuras. La atención nos centra y elimina los filtros mentales que distorsionan nuestra percepción y nos impiden estar plenamente en las cosas que vivimos. Con atención, cada uno de nuestros movimientos, cada cosa o persona quedan expuestos a una luz que los vuelve preciosos. Y qué mejor lugar para empezar a estar presentes que en los pequeños actos del día a día. Prestar atención consciente en este momento y lugar, estemos como y donde estemos, ignorando nuestro discurso mental interno. Poner luz es aprender a no añadir nada, a apreciar las cosas tal y como son, a mirar con la única intención de estar presentes, sin metas o intenciones ocultas. Vivir desde lo conceptual es alejarnos de la realidad, es no estar plenamente presentes en los momentos que vivimos. Entrenar nuestra mente en la atención es el medio para apreciar y sentir la vida ahora. Concentrarnos con calma en cada acto a la vez que observamos la vorágine de nuestros pensamientos y emociones entendiéndolos como lo que realmente son, fenómenos pasajeros que vienen y van, nubes que pasan por el cielo movidas por el viento. Estar presentes mientras comemos, caminamos, escuchamos o miramos nos conecta con nuestro lado bueno, con nuestra parte más amorosa, rica y pacífica. Observar nuestros pensamientos y palabras mientras realizamos tareas, no ir tras cada sensación o emoción, no enredarnos de un pensamiento a otro, dejar que pensamientos, sensaciones y emociones pasen a través de nosotros, sin identificarnos con ellos, nos libera de todas las cargas. Vivir movidos por la inercia de nuestros hábitos inconscientes nos enreda en una madeja de inconsciencia de la que sólo podemos escapar ahora, en esta inspiración. La vida vivida desde la sencillez mental deshace los nudos que nos atan a la oscuridad y nos ayuda a apreciar lo que tenemos.

Una felicidad que hay que trabajarse

> En este mundo condicional todo nos lo tenemos que ganar. La gente espera ser feliz automáticamente, pero la felicidad hay que ganársela.
>
> LAMA TULKU LOBSANG

El lama tibetano Tulku Lobsang nos dice que puesto que vivimos en un mundo de causas y consecuencias, todo lo que sucede, de alguna manera, lo hemos sembrado. Así que si queremos ser felices, tenemos que trabajar en nuestra felicidad. Poner atención en los buenos hábitos es una manera de sembrar felicidad. Si aún no nos hemos puesto en marcha para ello es porque seguimos esperando que la suerte o la felicidad nos lluevan del cielo. Y esto podría ocurrir o podría no hacerlo, no sabemos lo que el misterio de la vida nos deparará con su intrincado laberinto de causas y consecuencias. En todo caso, es mucho más fiable sembrar buenas causas si queremos recoger consecuencias favorables. Con los buenos hábitos podemos sembrar las causas directas de nuestro bienestar y lograr así el equilibrio entre el cuerpo y la mente. Me parece aquí correcto mencionar el camino que llevó a Buda fuera del sufrimiento, ya que él lo experimentó por sí mismo antes de explicarlo a sus discípulos. Una vez hallado lo llamó el *Noble Óc-*

tuple Sendero, el camino que lleva a la cesación de la insatisfacción o sufrimiento. En este camino se entrenan la atención, la ética y la sabiduría. Buda dijo que para lograr la liberación tenemos que practicar correctamente la atención, la visión, el esfuerzo, el pensamiento, la palabra, la acción, el sustento y la concentración en un esquema más o menos como el que sigue:

La correcta atención es prestar atención a las sensaciones corporales, a los pensamientos, las emociones y los objetos mentales.

La correcta visión es practicar la ecuanimidad, la compasión, el regocijo (la alegría compartida) y el amor hasta adquirir sabiduría.

El correcto esfuerzo es tratar de evitar que surjan estados mentales negativos o dañinos y de desarrollar los estados mentales buenos y saludables.

El correcto pensamiento y palabra es tratar de no mentir, calumniar, hablar con dureza o crueldad, utilizar lenguaje hiriente o abusivo o meterse en charla vana. También dentro de este apartado se trata de utilizar un lenguaje práctico y con sentido y aprender a mantener el noble silencio.

La correcta acción es tratar de no hacer daño ni matar, de no robar, mentir o engañar, practicar una sexualidad inmoral (que dañe a otros) o utilizar intoxicantes.

El sustento correcto se gana en profesiones que promuevan la vida, la paz y el progreso espiritual.

La correcta concentración es practicar la concentración en un solo punto y lograr las cuatro absorciones: el desapego (de los objetos de los sentidos y de los estados mentales negativos), la calma interna y la alegría, la cesación del deseo y la total tranquilidad y ecuanimidad (nirvana).

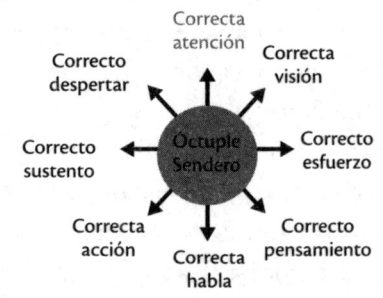

El Método para liberarnos es el Óctuple Sendero
Tenemos que trabajar ocho áreas

Si estamos atentos vamos a lograr una correcta visión. Esto nos llevará a un correcto esfuerzo, a un correcto pensamiento, habla y acción (pecamos sólo de pesamiento, palabra, obra u omisión). Esto nos llevará a una correcta forma de vivir con un buen sustento y nos llevará al despertar, la liberación y la iluminación.

Aunque las ocho acciones son importantes, la que da el vigor a las otras es la Corredta Atención.

Observamos así que la correcta atención es el buen hábito que arrastra a todos los demás buenos hábitos. La plena atención es la clave para positivizar toda nuestra vida y salir del sufrimiento, por eso es en ella donde tenemos que poner nuestro mayor empeño. Si nos fijamos veremos por qué la felicidad no llega de forma tan sencilla y por qué necesitamos miles de manuales para ser felices. En definitiva, saber lo que es correcto no soluciona nada si no hacemos lo que es correcto. Es mucho más fácil salirse del camino que lleva a la felicidad que caminar por él. En la vida vamos a encontrar mil caminos inadecuados y sólo uno que nos lleva fuera del sufrimiento. Precisamente podemos utilizar el sufrimiento como señal que indica que el camino no es correcto y que tenemos que rectificar. Un buen enfoque sería caminar por todos los posibles escenarios con la misma disposición; por los buenos momentos y por los no tan buenos, por las sensaciones agradables y también por las desagradables, tratando con las personas que nos gustan y también con las que no nos gustan con la misma atención, ecuanimidad, amor y amabilidad. Y siempre teniendo conciencia de que lo más valioso que poseemos está siempre justo aquí y ahora, ésta es nuestra vida, esto es todo lo que hay. No es el camino en sí, sino la forma de caminar lo que hace que nuestro camino sea digno de ser andado. Usemos nuestros hábitos cotidianos tales como la alimentación, el ejercicio, el dormir o la meditación para caminar correctamente por nuestra vida. Un poco más adelante trataremos cada uno de estos hábitos uno a uno.

La importancia de la disciplina

Correr tras cada pensamiento, deseo o emoción no nos deja tiempo para ser felices.

Tulku Lobsang

Muchos de los caminos que escogemos a diario de forma inconsciente nos llevan a algún tipo de sufrimiento, y uno de ellos es no seguir ningún tipo de disciplina. Si la mente no está disciplinada, nos robará nuestro tiempo porque una mente enredada en charlas internas y externas no puede ser eficaz. Para vencer a la pereza, uno de los grandes obstáculos de nuestra mente, tenemos que poner en marcha alguna pequeña disciplina que impida que la mente sin control nos lleve a perder el tiempo haciendo cosas innecesarias o diciendo cosas que no necesitamos decir. La disciplina, que puede parecer esclavitud, es en realidad la puerta de nuestra libertad; la verdadera esclavitud es sufrir las consecuencias adversas que provoca una mente sin control. Poner en marcha una pequeña disciplina de hábitos saludables y conscientes nos hace sentir bien y nos cambia la actitud para el resto del día. Sin embargo, cuando dejamos que la pereza siga al mando no tenemos energía y todo se nos hace una montaña. No hace falta seguir una férrea disciplina, pero sí pequeñas rutinas diarias que podamos cumplir. Podemos empezar meditando diez minutos por la mañana, y quizás diez por la noche, hacer diez minutos de ejercicio físico o ir a dormir media hora antes. De esta forma la mente se irá aquietando y poco a poco ganaremos la luz de nuestra libertad interior.

La totalidad de la vida

> La libertad y la salud se asemejan: su verdadero valor se conoce cuando nos faltan.
>
> Henri Becque

Tulku Lobsang, maestro budista y doctor en Medicina Tibetana, en su libro *Líbrate del síndrome del burnout* explica que tenemos tres cuerpos: el físico, el energético y el mental. Desde un punto de vista tantrayana, que es la tradición budista que él sigue, las personas somos canales por dentro y por fuera, y para obtener salud física y mental tenemos que conseguir abrir todos nuestros canales, tanto los externos como los internos. Los canales internos, afirma el lama Tulku Lobsang, son los espacios abiertos por donde circula o fluye algo: sangre, viento o energía. Según esta visión hay tres canales principales: uno central y dos laterales. El central es el canal del equilibrio, nuestro cuerpo natural, y los laterales son creados por la mente y la cultura. Son estos últimos los que crean los bloqueos o desequilibrios en el canal central y nos impiden estar libres del dolor y la enfermedad. Este médico, reconocido como la reencarnación de un antiguo lama del Tíbet, nos dice que simplemente trabajando con nuestros canales corporales podemos recuperar la vitalidad y la salud física y mental. Vamos a ver más detenidamente la forma en que él nos propone trabajar con los canales externos e internos.

Los canales externos

Para empezar a trabajar con los canales es necesario hacerlo con el canal externo, que es el elemento espacio. Este elemento se desequilibra cuando permanecemos demasiado tiempo en el espacio de los demás o cuando hacemos demasiadas cosas. Para reequilibrarlo de nuevo tenemos que ir a la naturaleza, contemplar la salida del sol al amanecer o la puesta de sol al atardecer, mirar un despejado cielo azul o un cielo estrellado al anochecer. Esto aumentará nuestra sensación de espacio y nuestros canales empezarán a funcionar mejor. Allá donde haya un espacio amplio y despejado es un buen lugar para equilibrar el elemento espacio en nosotros, ir a lo alto de una montaña donde podamos tener una perspectiva de espacios abiertos, dar un paseo al lado del mar o mirar el horizonte. Debemos tener en cuenta que si miramos al cielo el sol ha de quedar a nuestra espalda, y que debemos también protegernos la cabeza, aclara Tulku Lobsang. De esta forma podemos concentrarnos en mirar la parte profunda del espacio.

Otras cosas que nos ayudan a despejar los canales externos son:

- Tener silencios.
- Crear espacio en nuestro hogar deshaciéndonos de lo innecesario (el 70 por 100 de nuestra casa debería ser espacio, nos dice Tulku Lobsang). Tener demasiadas cosas cierra nuestros canales.
- Crear espacio en nuestro lugar de trabajo.
- Organizar todos nuestros espacios: habitaciones de la casa, armarios, mesa de trabajo, bolso...

Los canales bloqueados nos causan estrés, inquietud y agresividad. Si el canal externo está cerrado, nuestra mente (que Tulku Lobsang denomina *canal secreto*) también se cierra y eso nos causa malestar.

Los canales internos

En el *Camino del diamante*, Buda explica que existe un cuerpo interno hecho de energía que posee una red de diminutos canales hechos de luz, dentro de estos canales circula una energía sutil que es la base de toda vida y también es el lugar de donde provienen nuestros pensamientos y emociones. Éste es el lugar donde cuerpo y mente se unen. Los canales más profundos se encuentran generalmente inactivos porque están bloqueados por las 84.000 diferentes emociones negativas que los sabios del Tíbet han clasificado. Al bloquearse los canales quedan también bloqueadas las emociones y los pensamientos más elevados como la compasión o el amor. Además de estos canales de energía tenemos los canales físicos por donde circula el aire o la sangre. Cualquiera de estos canales internos puede abrirse con el movimiento, por ejemplo con cualquier tipo de ejercicio como andar, correr, bailar o hacer yoga... Más adelante entraremos en más detalle en cada una de estas variantes del movimiento. Nuestra realidad no acaba en los límites de nuestro cuerpo, sino que todo lo que vemos forma parte de ella e influye en nuestro bienestar o malestar. Tenemos que tener en cuenta todos estos factores externos e internos para conseguir el equilibrio cuerpo-mente. Dicho esto, pasamos a explicar el primer hábito de vida consciente:

Hábito 1: Vivir con atención

> Cuando vivimos 100 por 100 presentes, estamos al 100 por 100 vivos.
>
> EKNATH EASWARAN

La atención es un foco de luz que ilumina, resalta o embellece aquello que ésta enfoca. La práctica de prestar atención de forma deliberada es el hábito más importante de todos los que voy a compartir contigo en este manual. Vivir sin prestar atención es generar caos a cada paso que damos. Estar presentes es sin embargo el antídoto a nuestro caos y, como hemos visto, es también la clave del camino que nos conduce a la cesación del sufrimiento. Sólo hay un inconveniente al que tendremos que hacer frente cuando empezamos a prestar atención: al hacerlo, el desorden inconsciente se vuelve más real y su propia fuerza nos puede llevar de nuevo fuera del momento presente, por lo que en un principio tendremos que comenzar de cero una y otra vez. Hay dos formas de poner en práctica este hábito: con la práctica formal de la meditación o realizando las tareas cotidianas, que solemos hacer de forma inconsciente, prestando deliberadamente una cuidada atención. Por insignificante que nos parezca, cualquiera de las acciones que realizamos a diario vamos a realizarlas tan cuidadosamente como si en ello nos fuese la vida: subir escaleras, lavarnos los dientes, cerrar una puerta, servirnos el té, escuchar a alguien, ir de un lugar a otro, maquillarnos, vestirnos, regar las plantas, barrer el suelo o realizar cualquier otra tarea de la casa. Este hacer atento aclara la mente y ordena nuestra vida. El hábito nocivo que tenemos que reemplazar por el buen hábito de prestar atención es la prisa. Vamos deprisa a todos lados, corriendo alocadamente todo el día, acelerando sin parar y, lo que es peor, sin conseguir llegar a ninguna parte. Somos como el jinete al que le preguntaban: «¿A dónde vas tan corriendo», y respondía: «No lo sé, pregúntaselo al caballo». Es un comportamiento absurdo, corremos en una preparación sin fin para una vida que nunca llegamos a vivir. Corremos hacia el futuro perfecto donde tendremos tiempo de vivir nuestra vida perfecta, pero la única realidad es que estamos atrapados en ese tipo de pensamientos-trampa. El futuro es en sí una idea-trampa, pues no existe nada en el futuro, todo lo que es real existe aquí y ahora. Vivimos deprisa porque pensamos que no tenemos tiempo, frase que al repetirnos una y otra vez se convierte en nuestra única realidad. «No tengo tiempo» es otro pensamiento-trampa porque el tiempo no se tiene o se deja de tener, sino que es algo que nosotros le damos a las cosas o a las personas. En el momento presente el tiempo es inagotable y mientras estamos vivos esto es así, el problema es pensar que nos falta el tiempo. La manera de volver a ser conscientes de la abundancia del tiempo es tener una mente en calma, y para ello la mente necesita poner su atención consciente en un objeto. Prestar atención de forma deliberada cura la dispersión, la sensación de no tener tiempo y nos facilita poder disfrutar de él disminuyendo el desorden y el caos mental. Nuestro valioso tiempo se gana al detener la mente. Por ello disciplinarnos en tener una mente concentrada es el hábito más importante de todos. No necesitamos correr tras el tiempo, sino solamente adiestrar nuestra atención. Estos cuatro pasos te ayudarán a lograr que la tarea de practicar la atención consciente te resulte más fácil al principio:

Paso 1: Respirar conscientemente

> Nuestra salud es un reflejo directo de lo armoniosamente que fluye el viento por los canales.
>
> TULKU LOBSANG, *Libérate del síndrome del burnout*

Si tienes un cuerpo sano que te permite inspirar aire lleno de prana (energía vital) a los pulmones tienes mucha suerte. La respiración es tu conexión con la vida, con tu cuerpo, con el aquí y ahora. Inspirar conscientemente una sola vez es suficiente para sentirte vivo aquí y ahora. Espirar larga y pausadamente es un camino directo hacia la paz que hay dentro de nosotros. Con una simple respiración consciente podemos regresar al momento presente y con quince logramos sentirnos completamente asentados en el aquí y ahora. La respiración consciente es nuestro vínculo con la vida, la herramienta más poderosa para llegar a sentir bienestar físico y mental. Como hemos comentado antes, no sólo tenemos un cuerpo físico, sino que también tenemos un cuerpo energético, este cuerpo es la respiración, nos dice Tulku Lobsang. El cuerpo energético, especifica el lama tibetano, se compone de un elemento externo que es el viento fresco y un elemento interno que es la respiración. La respiración tiene que fluir por todos los canales para que podamos obtener energía completa, y para ello tenemos que tener en cuenta en primer lugar la calidad del oxígeno que tomamos con la respiración. Es muy importante que el aire sea fresco y contenga oxígeno suficiente. Nuestra respiración y nuestra energía cambian a lo largo del día, según la sabiduría ancestral del tantrayana. Antes de que los rayos del sol toquen la tierra respiramos más el elemento espacio, y eso nos da una energía entusiasta, alegre y vital. Una vez que el sol ha tocado el suelo predomina el elemento tierra y obtenemos otro tipo de energía distinto; nos sentimos más aletargados y pesados. Alrededor del mediodía se da mayoritariamente el elemento fuego en el aire y nuestra respiración cambia de nuevo dándonos ambición, concentración, confianza e inteligencia. Al principio de la tarde el elemento viento es intenso y nuestra energía de nuevo se ve afectada. Tras la puesta de sol la energía externa cambia hacia el elemento agua, lo cual vuelve a afectar a nuestro cuerpo y a nuestra mente, y cuando las estrellas aparecen en el cielo se produce un nuevo cambio hacia el elemento tierra. En total, la energía externa cambia diez veces al día, y por ello nuestra energía interna también cambia todo el tiempo. Pero cuando nuestra respiración fluye libremente por todos los canales, nuestra energía es buena y los cambios externos no nos afectan tanto.

Para respirar bien hemos de practicar con la energía externa y con la energía interna.

Trabajar con la energía externa

Para conseguir energía del exterior tendremos que ir a la naturaleza para practicar la respiración, en medio de las montañas, del cielo, los árboles, los ríos… El aire tiene que tener prana o energía vital y tiene que ser limpio y fresco. Si respiramos aire viciado nos cansamos y nos deprimimos. Los árboles y las flores nos proporcionan oxígeno puro. Si trabajas en una oficina sal a tomar el aire de vez en cuando y en tu casa abre bien las ventanas para que entre el aire fresco y salga el aire viciado. En tu casa u oficina ten alguna planta cerca para purificar el aire y para aportar energía al ambiente. El viento fresco, nos dice Tulku Lobsang, es energía, respiración, vida y poder y vuelve nuestra mente clara y brillante.

Trabajar con la energía interna

La respiración es nuestro cuerpo energético, el puente entre el cuerpo y la mente, bien utilizada puede elevarnos a estados de la mente mucho más sutiles e infinitamente más satisfactorios. A continuación, diferentes ejercicios de respiración que te ayudarán a construir el puente hacia tu bienestar.

Ejercicios de respiración para entrenar la atención

Este ejercicio no es para relajarse, aunque en algunas personas tenga este efecto. Practicamos la respiración consciente de forma regular para hacernos conscientes de lo que pasa por nuestra mente, para cultivar el estado de atención que finalmente nos lleva a sentir paz interior.

Este ejercicio también nos enseña a...

- Cultivar la habilidad de desconectar el piloto automático; el modo de hacer inconsciente que nos desconecta del ahora.
- Desarrollar la habilidad de tratar los pensamientos como procesos mentales en lugar de como hechos, para responder de forma consciente a las situaciones en lugar de actuar de modo reactivo.
- Perseverar. La repetición del ejercicio es la clave del éxito. Enfadarnos o frustrarnos porque no nos gusta hacerlo no nos ayudará a tener maestría en esta habilidad. Sé amable contigo mismo si te cuesta.
- Desarrollar la parte del cerebro encargada de mantener la atención y la concentración.

Ejercicio: **Atención consciente a la respiración**

- Asegúrate de que no estás intentando controlar *tu respiración*, *sólo obsérvala*.
- Siéntate en una silla en una *postura cómoda* y con la *espalda recta*. Ambos pies firmemente apoyados en el suelo, los hombros relajados y la cabeza mirando al frente.
- Presta atención a los *puntos en los que tu cuerpo está en contacto* con la silla y con el suelo. Pasa unos minutos explorando cómo se sienten tus pies, piernas, nalgas y otras partes del cuerpo en contacto con la silla y el suelo.
- Date cuenta de *cómo las emociones surgen y desaparecen*. Si lo que hay no te parece bien, lo importante es estar en contacto con uno mismo, observando lo que surge.
- *Ahora focaliza tu atención en la respiración*. Date cuenta de cómo se sienten tu pecho y tu abdomen mientras entra la respiración, se detiene y sale de nuevo del cuerpo. Observa cómo se siente el aire cuando entra y sale por las fosas nasales.
- *Si tu mente se dispersa es lo normal*. Si lo reconoces es suficiente. Vuelve a poner la atención allá donde tú quieres que vaya, en este caso en la respiración. No importa si tu mente divaga cien veces, lo importante es reconocerlo y llevar de nuevo la atención al punto donde estábamos.
- Continúa usando la respiración para anclarte al presente.

Además de para entrenar la mente a estar en el momento presente, desde tiempos muy antiguos se ha utilizado la respiración como método para calmar la mente y el cuerpo. A continuación te presento otros ejercicios de respiración con un efecto calmante inmediato sobre la mente:

Ejercicio: La respiración 4/7

De efecto calmante para el cuerpo y la mente, ésta es una técnica muy sencilla que consiste en alargar el tiempo de la espiración.

- Puedes estar de pie, sentado o tumbado. Relájate. Asegúrate de que tus manos y tu mandíbula están relajadas. Deja caer los hombros. Si no estás tumbado, mantén la espalda erguida pero sin tensarla.
- Inspira lentamente por la nariz mientras cuentas hasta cuatro. No levantes los hombros. Observa cómo el abdomen se expande ligeramente por el movimiento hacia abajo del diafragma.
- Aguanta la respiración por un instante.
- Espira lenta y suavemente por la nariz mientras cuentas hasta siete.
- Repite durante dos minutos como mínimo.

La respiración debería ser lenta, suave y cómoda. El ruido al respirar es señal de que estás respirando demasiado rápido.

Ejercicio: Respiración alterna

El principal beneficio de este ejercicio es que fortalece el sistema respiratorio y calma y equilibra la mente al igualar la corriente de prana que pasa por ambas fosas nasales y que repercuten en ambos hemisferios cerebrales.

Comienza el ejercicio espirando lentamente y a fondo.

Repite tres veces el siguiente ciclo: (3 minutos)

1. Tapa la fosa nasal derecha con el dedo pulgar.
2. Inspira por la izquierda contando de 1 a 4.
3. Con el dedo meñique o anular tapa la fosa nasal izquierda.
4. Espira por la derecha mientras cuentas de 1 a 7. Inspira por la derecha contando de 1 a 4.

5. Tapa la fosa nasal derecha con el dedo pulgar y espira por la fosa nasal izquierda mientras cuentas de 1 a 7, y así sucesivamente.

Finaliza siempre espirando por la fosa nasal derecha (punto 4).

Aparte de los ejercicios de respiración, cantar algo que te guste, ya sean mantras o cualquier otro tipo de canción, rezar, hablar sobre cosas agradables o hablar bien sobre alguien, escuchar música o reír son formas de trabajar con la energía interna. Todas éstas son técnicas para elevar tu energía. Cantar o escuchar música nos proporciona energía y nos ayuda a no cansarnos. Si tu respiración está estancada estarás más cansado y bloqueado.

Para finalizar los ejercicios de respiración que te he propuesto, *uno del monje vietnamita Thich Nhat Hanh para hacerte consciente de tu respiración,* puedes practicarlo durante todo el día para frenar tu mente y regresar al momento presente:

Inspiro y sé que estoy inspirando.
Espiro y sé que estoy espirando.
(Dentro, fuera)

Inspiro y mi respiración se hace profunda.
Espiro y mi respiración se hace lenta.
(Profunda, lenta)

Inspiro y soy consciente de mi cuerpo.
Espiro y relajo mi cuerpo.
(Consciente del cuerpo, relajo)

Inspiro y sonrío.
Espiro y dejo ir.
(Sonreír, dejar ir)

> *Inspiro y estoy en el presente.*
> *Espiro y disfruto del presente.*
> **(Momento presente, disfrutar)**
>
> Thich Nhat Hanh

Paso 2: La atención a través de los cinco sentidos

> (...) Todos tenemos amantes. Cada uno de los sabores deliciosos es nuestro amante. Cada nota de música hermosa es nuestro amante. Cada color vibrante y textura interesante es un amante. Un amante no tiene por qué ser sólo humano. Tenemos amantes por todos lados en la naturaleza. ¡A nuestro alrededor hay amantes que generan con benevolencia nuestro amor natural!
>
> Tulku Lobsang, Amor y salud

Los sonidos, las visiones, los olores, los sabores y las texturas agradables nos pueden llevar a experimentar un tipo de felicidad que, aunque efímera, nos puede conectar con otro tipo de felicidad más plena y duradera. Prestando atención al proceso de percibir sin emitir ningún juicio podemos llegar a experimentar un tipo de conciencia más elevada. La belleza que ven nuestros ojos, los sonidos agradables que escuchan nuestros oídos, los sabores que degustamos o el amor o felicidad que experimentamos al tocar o abrazar a alguien, siempre que no nos dejemos arrastrar por el apego a esas experiencias, pueden acercarnos a la experiencia del ahora que está directamente conectada con el amor. Pero cuidado con aferrarnos a ellas, pues se transformarían en sufrimiento. Cualquier actividad que realizamos en la cual estén involucrados los cinco sentidos puede ser un apoyo para practicar: cocinar platos deliciosos, decorar nuestra casa, usar o comprar nuestra ropa, visitar nuevos lugares, encontrarnos con gente, mirar o tocar distintos objetos, escuchar música agradable... Veamos más en detenimiento cada uno de los sentidos.

El sentido de la vista puede conectarnos con incontables formas y colores. Aunque nuestros ojos estén muy acostumbrados, no por ello debemos dejar de apreciar cada día la belleza que nos rodea: amaneceres, puestas de sol, las nubes en su desfile de tonos y formas, bosques, ríos, mares, montañas nevadas, playas solitarias, bellas flores, gente singular, gente nueva, sonrisas amables, ojos que miran curiosos... Si los ojos no tienen delante el filtro de la mente, todo puede aparecer como un milagro. Tulku Lobsang nos habla del *amor de mirar* que puede practicarse mirando la naturaleza, piezas de arte hermoso, colores vibrantes o formas interesantes. Según su visión, el placer de los cinco sentidos nos pone en contacto con un tipo de amor burdo que nos hace sentir temporalmente más felices. Pero aunque sea burdo es amor, nos dice Tulku Lobsang, y puede abrirnos a recibir otro tipo de amor más sutil y duradero. Cada color, nos dice, genera un tipo de felicidad diferente. Podemos hacer felices a nuestros ojos mirando cosas bonitas y rodeándonos de un entorno agradable. Hemos de valorar muchísimo tener nuestros ojos sanos y abrirlos a la vida con plena atención.

Ocurre lo mismo con los oídos, podemos practicar esta forma de amor-atención escuchando los sonidos de la naturaleza: Escuchar el discurrir de un río, el viento ulular entre las rocas y los árboles, el canto de los pájaros, también la risa o el canto de las personas, la poesía, la música...

Percibir los distintos sabores (dulce, agrio, salado, amargo, ácido y picante) a través de la comida puede ser una forma fantástica de practicar; comer en completo silencio nos ayuda a percibir mejor los sabores y a convertir cada comida en un festival de los cinco sentidos.

Percibir distintos aromas en forma de velas aromáticas, inciensos, aceites o perfumes naturales: el olor a tierra mojada, la fragancia natural de una persona, de un alimento, el perfume de las flores y plantas...

Y por último, experimentar a través del sentido del tacto las diferentes texturas y temperaturas de las cosas. Podemos rodearnos de cosas agradables al tacto: ropa, sábanas u objetos que nos permitan jugar con el sentido del tacto.

Cualquier cosa que nos haga sentir bien y que se experimente a través de los sentidos nos ayuda a aumentar este tipo de amor sensual. «Cualquier sabor, olor o sensación táctil que nos guste al experimentarlo nos hará sentir felices y hará surgir nuestro amor», afirma Tulku Lobsang.

En definitiva, los cinco sentidos son cinco formas de percibir amor sensual y a la vez puertas de entrada a experimentar la vida y lo que somos aquí y ahora, a percibir nuestro yo más sagrado y el amor más sutil. Lo próximo y lo sagrado se dan la mano cada vez que ponemos atención a través de uno de los sentidos. El lugar donde está la luz siempre está muy cerca de nosotros.

Paso 3: Poner atención para experimentar la vida a través de los demás

> El amor es lo que todo el mundo quiere, lo que todo el mundo necesita, pero nadie lo ve por lo que es, a pesar de lo importante que es. La gente está confundida con respecto al amor, y por eso el amor causa sufrimiento y problemas.(...) Amor significa que lo das todo.
> (...) En realidad das y exactamente al mismo tiempo recibes.
> TULKU LOBSANG, *Amor y salud*

La vida puede experimentarse gracias a que ésta nos pone delante un espejo en el cual nos reflejamos: el otro, las circunstancias y nuestro entorno son parte de nuestro ser, todo lo que vemos es lo que somos. Por lo tanto, reconocer al otro es reconocerse a uno mismo, valorarlo es valorarnos y estar ahí para él es estar ahí para nosotros. Amar al otro es, por supuesto, amarse a uno mismo. Dar es recibir multiplicado. El otro nos ayuda a vernos en el espejo de la vida, a reconocernos en él, a saber exactamente dónde estamos. Nos conocemos a través de la imagen que los demás nos proyectan; lo que otros piensan de nosotros es lo que nosotros pensamos de nosotros mismos. Según la filosofía budista, es solamente a través del otro como podemos llegar a la iluminación. Es el otro el que nos ayuda a generar la compasión necesaria para que la puerta del nirvana pueda abrirse. Sin compasión, esa puerta permanece cerrada y todos nuestros anhelos de llegar al auténtico amor quedan insatisfechos. La comprensión del otro es esencial en el camino espiritual, el otro tiene la llave de nuestro paraíso porque es simplemente nuestro reflejo a través de todo el camino; no siempre nos gusta vernos en él, es cierto, pero es importante comprender la ley de este singular espejo:

1. Dar es recibir
2. Tomar es perder

Dar es amor y tomar es miedo (ego), nos dice Tulku Lobsang. Para que el ego se vuelva más pequeño y el amor pueda crecer no tenemos que juzgar a nuestros semejantes, sino amarlos tal y como son. Amar incondicionalmente al otro, es decir, entender que nadie es ni será nunca perfecto, pero aun así no juzgarlo, disminuye nuestro ego y nuestro sufrimiento. El amor al otro nos da ligereza, nos hace felices, porque en ese amor nuestro ego, el sentido del «yo» que tenemos tan arraigado en nuestra mente, no está. Si hay verdadero amor no hay ego, por eso el amor nos gusta tanto, porque nos hace sentir auténticamente felices. El problema es que confundimos lo que es amor con el apego; para saber distinguirlos tenemos que saber que si nos causa sufrimiento es aferramiento, no amor. En este paso lo que sugiero es poner atención cuando nos relacionemos con los demás, es decir, durante todo el día, e intentemos verlos como auténticos maestros, como personas que están ahí para mostrarnos los lugares en los que aún permanecemos a la sombra de nuestro miedo. Los demás son en realidad un precioso tesoro, ellos son la luz que nos ilumina en el camino hacia el amor. Aprendí a mirar a los demás de esta manera en un retiro de enseñanzas durante un ejercicio en el cual teníamos que mirar a los ojos de la persona que teníamos enfrente como si fuese un buda, un ser despierto que está ahí para ayudarnos justamente donde más lo necesitamos. Me di cuenta de que este ejercicio es muy poderoso y de que lo podía realizar cada día con cada persona que me encontrase. También me di cuenta de que esto no es una realidad fingida y de que mirar al otro de esta manera puede cambiar toda nuestra realidad. A menudo las interacciones con los demás nos causan dolor, pero es a través de nuestro sufrimiento como comprendemos el dolor del otro y esa comprensión es amor. De esta compasión surge la sabiduría y el despertar a la realidad de lo que somos. En conclusión, cada ser que nos encontramos nos ofrece la oportunidad de escucharnos y mirarnos a nosotros mismos a través de él, y la de practicar el amor incondicional. Pongamos mucha atención en nuestras interacciones con los demás, mirémoslos con respeto y curiosidad, aunque nos hagan sufrir o estén llenos de defectos, realmente el otro es lo más valioso que podemos encontrar en esta vida. El amor que el otro nos ayuda a generar es la energía de más alta vibración que existe. Y, aunque parezca lo contrario, la verdadera causa de nuestro sufrimiento nunca es el amor o el otro, sino nuestra idea del «yo» que piensa que ha de ser amado. Pero el amor del otro sólo puede llegar a través del amor que nos damos a nosotros mismos. El otro no puede darnos amor o felicidad, pero puede hacernos un regalo aún mayor: liquidar nuestro ego, y sin él somos auténticamente felices. Si podemos aceptar al otro y no juzgarlo nos salvaremos del «yo» y por tanto del sufrimiento. Poner atención consciente a nuestras relaciones es una verdadera fuente de sabiduría. Cada interacción con otra persona puede llevarnos a descubrir quien de verdad somos.

Cuatro formas de dar el amor (y de hacer el ego más pequeño)

La amabilidad

Mi religión es la amabilidad.

Su Santidad el 14.º Dalái Lama

Una forma de desarrollar el amor por los demás es practicar la bondad amorosa o amabilidad, en inglés el término es *loving kindness*. La amabilidad es una cualidad muy poderosa; desear el bien a los demás, ayudar, cuidar y dar amor sin juzgar produce satisfacción interna y bienestar genuino. Cultivar el amor de esta manera es una garantía de que después la vida nos cuidará a nosotros. Tenemos que tratar bien a todos los seres, independientemente de que lo merezcan o no, es decir, ser amables, cálidos y amistosos con los demás sin poner condiciones, sin depender de lo que otros sientan por nosotros y sin objetivos o intenciones ocultas.

Aparte de hacernos sentir bien, la amabilidad es contagiosa, nos ayuda a confiar, a abrirnos y a sanar. Podemos enviar pensamientos y deseos de felicidad a quien queramos en cualquier momento, esto nos ayuda a sentirnos mejor y también ayuda al otro porque la energía de nuestros pensamientos es muy poderosa y de alguna manera le alcanza.

Ejercicios para cultivar la amabilidad

1. Dile a alguien que le quieres tal y como es, dile lo que te gusta de él o ella. Éstas son cosas que la otra persona guardará siempre en su corazón y nunca olvidará.

2. Escribe en un papel aquello por lo que crees que te aprecian los demás, aquella cualidad amable e inolvidable por la que crees que más te valoran. Comprueba si es la misma cualidad que tú aprecias en ti.
3. Piensa en alguien que no te caiga bien y a quien normalmente intentarías evitar. Pasa el día secretamente, sin decirlo a nadie, buscando alguna cualidad buena en esa persona, algún signo de ternura, generosidad o amabilidad. Quizás no sea tu mejor amigo, pero podrás apreciar que nadie es totalmente malo.

SNEL, E.: *Sitting still like a Frog, mindfulness Exercises for kids.* Shambala, 2013.

La compasión, la ecuanimidad, la alegría compartida

Estas tres, al igual que la amabilidad o bondad amorosa, forman parte de lo que en budismo se llama los cuatro amores inconmensurables o las virtudes perfectas. Se las describe como inconmensurables porque no tienen límite, nunca se acaban, son diferentes tipos de amor que podemos dar a todos los seres de forma ilimitada. Son actitudes en las cuales nadie queda excluido. Estos cuatro amores son la bondad amorosa o amabilidad, la compasión, la alegría compartida y la ecuanimidad.

La compasión no se parece en nada a sentir lástima por alguien, sino que es el deseo de que todos los seres se liberen del sufrimiento tomando un papel activo para que eso sea posible. Es lo que sentiríamos si nos encontrásemos a un hijo nuestro mendigando por la calle; no sólo sentiríamos dolor, sino que tendríamos la determinación de ayudarlo para sacarlo inmediatamente de ahí. La compasión es un deseo altruista tan poderoso que nos lleva a despertar a nuestra verdadera naturaleza. Además, dicen que la compasión es también la llave que abre el cofre de todos nuestros deseos.

La ecuanimidad es la capacidad de ver todas las cosas y todos los seres tal y como son, es comprender que todo cambia, que nada es estático y por lo tanto nada es completamente bueno o malo. Cuando comprendemos la realidad del cambio no nos dejamos arrastrar tanto por las emociones porque comprendemos que todo es relativo y cambiante. No tenemos que darles a las cosas ni a las personas una realidad estable que no poseen, una frase que resume la ecuanimidad es: *esto también pasará*. Al ser ecuánimes conservamos nuestra fuerza y energía mental y física porque esta cualidad nos ayuda a dominar nuestras emociones y estados mentales aflictivos.

La alegría compartida o regocijo es la cualidad que nos ayuda a generar felicidad por todas las causas de felicidad de los demás. Ser felices por la felicidad de los demás nos hace sentir mucho más ricos, ya que tenemos muchos más motivos de felicidad cuando incluimos a todos los seres dentro de nuestra felicidad que cuando sólo podemos alegrarnos de nuestras cosas. Experimentar alegría por las virtudes de los demás y por lo bueno que les ocurre es la cualidad contraria a la envidia y los celos, con los cuales acumulamos karma negativo y nos negamos a nosotros mismos aquello que envidiamos en otros. La alegría compartida es una práctica muy especial porque con ella conseguimos felicidad abundante e instantánea y además creamos las condiciones para tener nosotros también aquello que es motivo de nuestra alegría.

Cada uno de estos cuatro tipos de amor es una práctica de felicidad en sí misma. Por ello, practicar la atención en nuestra interacción con los demás es tan beneficioso. Al hacerlo pensaremos que estamos dando, pero en realidad estaremos recibiendo mucho más.

Paso 4: Transformar las energías negativas a través de la atención

Meditar es observar a fondo la esencia de las cosas.

Thich Nhat Hanh, *El amor verdadero*

En la vida hay momentos en que tenemos que generar mucha presencia para transformar las energías negativas en positivas. En momentos de enfado, tristeza, celos, envidia, desesperación o dolor, la energía de la atención plena puede ser un gran apoyo y ayudarnos a transformarlas en otras más positivas como el amor, la alegría, la libertad, la creatividad o la generosidad. ¿Cómo generar entonces la energía de la atención plena en momentos difíciles? Practicando cuando el momento aún no es difícil, es decir, al poner la mesa, ponemos la mesa; al pelar patatas, pelamos patatas; al caminar, caminamos; al regar las plantas, regamos las plantas, o al escuchar, escuchamos con todos nuestros sentidos no sólo con los oídos. Crearnos el hábito de estar presentes requiere constancia y perseverancia, pero si practicamos con asiduidad, cuando lleguen las dificultades nos será más fácil abrazar tanto las experiencias positivas como las negativas. La angustia, el miedo o cualquier otra energía negativa que aflore de nuestro subconsciente puede siempre ser transformada con nuestra presencia consciente. Cada vez que aflore una de ellas, y esto ocurrirá bastante durante el proceso de la presencia, tenemos que activar las herramientas de la respiración, la atención, la actitud de aceptación, la concentración y el dejar ir. Vamos a ver esto con más detenimiento:

Proceso de transformación de las emociones

1. En primer lugar activamos la respiración, ella nos ayuda a ponernos en contacto con la emoción y a aceptarla.
2. En segundo lugar activamos la actitud de permitir y aceptar. Eso significa ser amable con uno mismo y respetarse profundamente. Esta actitud es la que permite transmutar la emoción.
3. En tercer lugar necesitamos mantener una atención sostenida y concentrada. Como si fuésemos una madre que está cuidando a su hijo en el parque: lo hacemos con atención vigilante y sin perder la concentración para que no le suceda nada malo. Mientras haya conciencia no sucumbiremos a la emoción, ya sea ésta el miedo, la ira, la depresión o la frustración.

4. Si conseguimos mantener la atención concentrada durante un tiempo empezaremos a calmarnos. En este paso aún tenemos que seguir atentos, si lo conseguimos, finalmente la calma nos permitirá dejar ir la emoción.

Si en estos momentos en lugar de plenitud estás experimentando dolor, abrázate dulcemente y hazte totalmente presente para tu dolor, sin añadirle valoración alguna. Abraza tu tristeza, tu dolor emocional o tu cuerpo dolorido. Sigue estando presente y todo ello irá pasando. Abraza toda tu vida con tu atención, ámala, experiméntala, despierta totalmente a ella con tu atención. Al final, éste es un proceso simple, tan simple como un abrazo.

El cuerpo

El primer recurso que tendrás que cuidar es tu propio cuerpo. Ni siquiera tu cuerpo te pertenece. Pertenece a la vida y es tu responsabilidad cuidarlo. No puedes permitirte hacer algo que lo dañe porque el cuerpo es el instrumento que necesitas para poder llevar a cabo la acción desinteresada.

EKNATH EASWARAN

Los medicamentos no pueden fundamentalmente curar enfermedades. El único camino esencial para curar cualquier enfermedad estriba en nuestro estilo de vida diario.

HIROMI SHINYA, *La enzima prodigiosa*

Hemos nacido en un cuerpo, un verdadero milagro, una máquina perfecta que nos ha sido concedida para que podamos disfrutar de la vida. Si lo tratamos con cariño, sentiremos bienestar a través de él. El primer fundamento de la atención plena es tomar contacto con nuestro cuerpo, escucharlo profundamente para saber lo que nos dice y poder apreciarlo y disfrutarlo. Es a través de él como podemos experimentar el mundo; cuando está en equilibrio nos sentimos bien. Ser amables con nosotros mismos es darle a nuestro cuerpo el descanso y el alimento que necesita. El cuerpo, a través de los cinco sentidos, nos conecta con la realidad del momento presente. Pero cuando nuestra mente se dispersa, divagando por escenarios imaginados, perdemos contacto con lo que nuestro cuerpo está sintiendo ahora mismo. Regresar a la conciencia del cuerpo es volver a sentir la vida ahora. Si no le prestamos atención, éste se secará como una planta sin riego. No hablamos aquí de obsesionarnos por su forma externa para ser aprobados y queridos por otros o para lucir bien, sino de sentirnos bien para que nuestra vida pueda desplegarse de veras. Sentirnos bien es la única forma en que los que están a nuestro alrededor también se sientan bien. A partir del bienestar físico podemos asimismo acceder a niveles más sutiles de bienestar mental y de amor. Nuestro cuerpo es el lugar donde empezar a cuidarnos; como si fuese la bombilla a través de la cual nuestra luz iluminará el mundo. Para empezar, nuestra piel es como un cerebro exterior, está dotada del sentido del tacto, que nos informa de la temperatura, y de la sensación de las cosas: de la tibieza del agua del baño y de la temperatura de un cuerpo que nos abraza, de la suavidad de la piel del otro, del tacto granuloso de la arena del mar o del tacto húmedo y fino de la hierba. La piel envía todo el tiempo señales de placer o dolor a nuestro sistema nervioso desencadenando un torrente de sustancias químicas en el flujo sanguíneo. El sistema nervioso e inmunitario están íntimamente relacionados con nuestra piel, una barrera de protección natural a través de la cual nos ponemos en contacto con el mundo. Ser conscientes del sentido del tacto y de cómo se siente la vida a través de nuestra piel es una primera toma de conciencia con nuestro cuerpo. Siente cómo te relacionas con el mundo a través de tu piel, cómo se siente cada cosa que tocas y siente lo que eso te produce. Puedes, por ejemplo, ir a un centro termo-lúdico, una experiencia sensorial de primer grado: allí puedes experimentar las diferentes temperaturas y grados de presión del agua. Es un buen ejercicio para hacerte consciente del bienestar al que puedes acceder a través de tu cuerpo. Al prestar atención a tu cuerpo estarás en contacto de nuevo con el presente. Puedes continuar este proceso de conciencia corporal dándole las gracias a tu corazón por cada latido que te mantiene con vida, a tus ojos por permitirte observar el espectáculo de la vida, a tus manos porque puedes dar, acariciar, tocar y sentir la vida a través de ellas. A tus piernas por llevarte de un lado a otro, por permitirte hacer deporte, subir montañas, nadar, correr... y a tus brazos porque te permiten actuar y hacer miles de cosas como abrazar a la gente. A tu boca porque te permite alimentarte y dar besos, y a tu lengua por regalarte también el sentido del gusto. A tus oídos porque te traen la belleza de los sonidos y la sublime experiencia de la música y también porque te permiten experimentar la paz del silencio. Todo tu cuerpo es sagrado y maravilloso, a través de él puedes percibir miles de sensaciones, en definitiva, sentir la vida, ser vida. Cuídalo, armonízalo, dale buena alimentación y descanso, pues es el templo donde habita tu alma. Además de las puertas de los sentidos está la puerta de la mente, a través de la cual experimentamos no sólo las distintas emociones, sino también un tipo de amor y bienestar más sutil que el emocional, un amor que puede llevarnos a un despertar total a lo que somos en realidad. Para entrar al presente a través de estas puertas, tanto las de los sentidos como la de la mente, sólo necesitamos hacer una cosa aparentemente sencilla: concentrarnos en percibir, percibir sin juzgar. Sólo entonces la vida puede convertirse en un lugar muy parecido al cielo.

Conectar con nuestro cuerpo, pasar del pensar al sentir

> Pero qué es la felicidad sino la simple armonía entre un hombre y la vida que lleva.
>
> ALBERT CAMUS

Pasamos demasiado tiempo dentro de nuestra cabeza, tanto que nos desconectamos de nuestro cuerpo y de la realidad del presente. Esto puede llevarnos a ignorarlo o maltratarlo en lugar de considerarlo como a un amigo que nos sirve sin fallar 24 horas al día, 365 días al año. El cuerpo nos habla todo el tiempo: si tenemos fatiga o estamos enérgicos, si estamos inquietos o tranquilos. El cuerpo dice la verdad, si tenemos alguna duda es la mente la que nos miente. Siendo conscientes del cuerpo podemos corregir esto antes de que se desencadene la enfermedad, pero si no escuchamos al cuerpo y continuamos hacia adelante, el problema se agrandará. Mediante el escaneo corporal utilizamos la atención plena para prestar atención al cuerpo y para hacernos conscientes de cómo y dónde le están afectando la ansiedad, el estrés u otros estados emocionales.

Escaneo corporal (ejercicio de atención plena o *mindfulness*)

Este ejercicio es una forma de experimentar de primera mano cómo se siente nuestro cuerpo, algo que hacemos raras veces. Con él localizamos la tensión que llevamos en el cuerpo y la dejamos ir. Al realizarlo dejamos de huir de la realidad para acercarnos a ella con curiosidad y aceptación, poniéndonos así en contacto con nuestro cuerpo y con las cosas que están ocurriendo en este momento. Es también una oportunidad de practicar y enfocar nuestra atención en una cosa cada vez. Este ejercicio se puede realizar tumbado, pero si vemos que nos quedamos dormidos, o cualquier otra eventualidad, puede realizarse sentado o de pie. A continuación, cómo sería el ejercicio en posición sedente:

1. Siéntate en una silla cómoda con los pies firmemente en el suelo. Asegúrate de que la espalda está erguida y la cabeza mira hacia adelante. Los brazos reposan en los brazos de la silla o en tu regazo. Mantente consciente de tu postura durante todo el ejercicio y corrígela si ves que te estás encorvando.
2. Pon tu atención en la respiración. Siente las sensaciones de tu respiración al entrar y salir de tu cuerpo. Respira tranquila y naturalmente, dirigiendo tu atención a la punta de la nariz o al abdomen. No intentes cambiar nada, sólo observa y date cuenta de cómo se produce la inspiración y la espiración. No evalúes ni juzgues, si tu mente se va tras un pensamiento, regresa con tu atención a la respiración. Haz esto al menos durante 10 respiraciones.
3. Pon la atención en tus dedos del pie derecho. Identifica si puedes percibir algunas sensaciones, como calor, frío o cosquilleo. Mira si puedes notar los dedos de los pies en contacto con el calcetín o con tus zapatos. Pasa unos momentos explorando los dedos del pie, luego repite el proceso con los dedos del pie izquierdo. Si no percibes ninguna sensación en absoluto, simplemente nota la falta de sensaciones; está perfecto también si es así.

4. Compara los dedos de ambos pies. ¿Se sienten diferentes?
5. Pon la atención en las plantas de tus pies. Empieza en la planta del pie derecho, identifica lo que sientes. Repite el proceso con la planta del pie izquierdo y entonces compara las sensaciones que experimentas en las plantas izquierda y derecha de los pies.
   Si en algún momento sientes incomodidad, explora esa sensación con amabilidad y curiosidad. ¿Cómo se siente? ¿Qué sensaciones hay? ¿Qué pensamientos hay en tu mente? ¿Qué emociones estás experimentando? Intenta hacer esto sin irte tras ningún pensamiento o emoción ni juzgar nada. Intenta dejar ir la incomodidad mientras espiras.
6. Focalízate en tus pantorrillas. Primero en la derecha y después en la izquierda, después compara ambas.
7. Focalízate en tus rodillas. Examina las sensaciones de la rodilla derecha, después la izquierda y después compara ambas.
8. Focalízate en tus muslos y nalgas. Explora las sensaciones que hay al estar en contacto con la silla.
9. Intenta explorar las sensaciones de tus órganos internos. Focalízate en tu hígado, riñones, estómago, pulmones y corazón. Puedes no notar ninguna sensación en absoluto y está bien.
10. Focalízate en tu espina dorsal. Focalízate en una vértebra cada vez.
11. Focalízate en tu brazo derecho. Identifica las sensaciones. Después el izquierdo y después compara ambos.
12. Focalízate en tu cuello y tus hombros. Si experimentas alguna tensión o incomodidad, intenta dejarla ir con la espiración.
13. Focalízate en tu mandíbula y en los músculos faciales. Identifica todas las sensaciones y las emociones.
14. Focalízate en tu cuero cabelludo. Finaliza con tu cabeza.

Si no tenemos tiempo, existe una versión más corta de este ejercicio:

Ejercicio: Chequeo corporal en 3 pasos

Esta versión del escaneo corporal puede hacerse en cualquier lugar, siempre que tengas una silla y tres minutos libres en los que no seas molestado. Es rápido y puedes hacerlo en la mesa de tu oficina, yendo en transporte público o en cualquier otro lugar que consideres oportuno.

Siéntate en una postura cómoda, con la espalda erguida y los pies firmemente apoyados en el suelo y sigue los siguientes pasos:

1. Pies, piernas y parte inferior del cuerpo
   Céntrate en la sensación de respirar profundamente tres veces.
   Nota las sensaciones que experimentas, como calor, frío o cosquilleo, cuando centras tu atención en los pies. Haz una pausa para observar, entonces repite con tus piernas, sigue con tus nalgas.
2. Pecho y brazos
   Repite como en el paso 1, focalízate en tu pecho y órganos internos, seguido de tus brazos.
3. Hombros y cabeza
   Repite como anteriormente ahora focalizándote en el cuello y los hombros. Sigue con la mandíbula, nariz, cara y cuero cabelludo.

Hábito 2: Dormir bien

> Los mejores médicos del mundo son: el doctor dieta, el doctor reposo y el doctor alegría.
>
> JONATHAN SWIFT

He colocado este hábito en segundo lugar porque es de extrema importancia para mantener nuestra salud física y mental. Una mente descansada es una mente feliz. Se dice que no podríamos sobrevivir más allá de siete días sin dormir. En el sueño profundo, el cerebro segrega péptidos restauradores que nos sirven para reponer fuerzas y relajarnos. Además, durante el sueño profundo nuestro cerebro produce ondas eléctricas delta (de 1 a 4 pulsaciones por segundo), que son las que también se producen en estados de meditación profunda, como se demostró en el encefalograma realizado al maestro zen Taizen Dashimaru en los años setenta. Con las ondas delta disminuyen las hormonas del estrés negativo: el cortisol y las catecolaminas. Es decir, si no alcanzamos el sueño profundo, estas hormonas no disminuyen y empezamos el día tensos e irritados.

Cuando estamos despiertos y activos solemos generar ondas beta (14 impulsos por segundo), si estamos muy tranquilos el cerebro emite ondas más lentas, las ondas alfa (de 8 a 13 impulsos por segundo). Estas dos últimas suceden en el estado de adormecimiento, pero el cerebro sólo se repara a través de las ondas delta, las que se producen en el sueño profundo o en estados de meditación profunda. Si no alcanzamos esta fase, se producen en nuestro cuerpo y mente una serie de síntomas de malestar como fatiga, debilidad, irritabilidad, vulnerabilidad, ansiedad, depresión, trastornos del hambre, bajo rendimiento físico e intelectual, tristeza, disminución del deseo sexual, dolores menstruales aumentados... Es decir, al dormir mal tenemos una vida mucho más en la sombra que en la luz. Puedo dar fe de ello, pues el sueño ha sido siempre mi punto más débil. Para empezar a regular este importantísimo hábito del sueño tenemos que crearnos una nueva rutina diaria. Lo mejor es regirnos por el ritmo circadiano, un ciclo de 24 horas que sigue el cuerpo para controlar los procesos fisiológicos como la producción de hormonas. El milenario sistema de medicina ayurveda nos dice que lo ideal es levantarse de las 6 a las 8 de la mañana; tomar el almuerzo de las 12 a las 13 horas, cenar de las 6 a las 7 de la tarde e irse a dormir de 21.30 a 22.30. Ésta es la manera en la que cuerpo se autorregula y entra en un estado de sanación. Levantarnos al amanecer nos beneficia mucho, nos proporciona ligereza, frescura y entusiasmo para todo el día. Por la mañana temprano es la mejor hora para disfrutar del silencio y recargarnos de prana, la energía de la vida, que está disponible en mucha más cantidad a esa hora. Cuando la mente está más inactiva, también el mundo parece estar más en orden. A partir de las ocho de la mañana la energía cambia de aire a tierra-agua (de vata a kapha), si nos levantamos a partir de esa hora estaremos pesados, torpes y lentos para el resto del día.

Es decir, lo más conveniente es acostarnos y levantarnos temprano y seguir este plan como rutina, incluso si un día salimos y nos vamos a dormir tarde, lo mejor es levantarnos a la misma hora para no desajustar el ritmo circadiano. El cuerpo es muy sensible a las rutinas y éstas son las que nos mantienen física y mentalmente sanos, por lo que procuraremos cumplirlas lo más fielmente posible. Dormir mal es causa de todo tipo de desajustes, tenemos que intentar no sacrificar en la medida de lo posible las horas de sueño. Para dormir bien tenemos que vigilar los alimentos que comemos, el hábito del que hablaremos a continuación, y tener en cuenta algunas premisas como las que ahora siguen:

Hábitos saludables para dormir bien

- No consumir cafeína, alcohol ni azúcar antes de dormir (¡mejor no consumirlos para nada!).
- Controlar el sobrepeso y no fumar.
- Utilizar la cama sólo para dormir o hacer el amor.
- Dormir a oscuras y en silencio y con una temperatura adecuada (18º a 22º). No tener aparatos de televisión en la habitación y decorarla de un modo tal que induzca al sueño.
- Hacer ejercicio moderado, alimentarse apropiadamente y practicar alguna técnica de relajación como el yoga, taichí, meditación o un baño de agua caliente antes de ir a dormir, que no exceda de 20 minutos.
- Apuntar las cosas pendientes en una libreta y aparcar todos los problemas y temas pendientes antes de ir a dormir; éste

es un tiempo de reponer fuerzas y no de buscar soluciones. Dejemos que el mundo sea como es por unas horas mientras dormimos.

— Intentar evitar el uso de fármacos para dormir, y siempre que se haga, que sea bajo supervisión médica.

En un país como España, irse a dormir tarde es algo muy común, mucho más que en el resto de Europa. Los programas del *prime time* comienzan a la hora en que los europeos se van a la cama. No es extraño, por tanto, que tantas personas padezcan insomnio y enfermedades mentales. Deberíamos erradicar este mal hábito lo antes posible. Deja la televisión para otras horas del día. Relájate un poco antes de ir a dormir con un buen libro, música suave o 20-30 minutos de meditación. Dormir bien es la mitad de lo que necesitamos para estar bien. Si conseguimos regular este hábito, nuestra vida se iluminará casi sin que tengamos que hacer mucho más.

Hábito 3. Comer conscientemente

Que tu alimento sea tu única medicina.

Hipócrates

Come poco y cena más poco, que la salud de todo el cuerpo se fragua en la oficina del estómago.

Miguel de Cervantes

Todo aquello a lo que prestamos atención entra a formar parte de nuestra realidad. Lo que miramos, escuchamos, pensamos o hacemos contribuye a equilibrarnos o desequilibrarnos; también lo que comemos y bebemos y el modo en que lo hacemos puede aportarnos beneficios o reducir nuestra salud física y mental. Es importante saber lo que comemos, de dónde procede la comida y en qué sentido nos influye. Según Thich Nhat Hanh, buena parte del sufrimiento del mundo se deriva de no comer conscientemente, de no observar profundamente qué y cómo comemos. La alimentación no consciente nos lleva al aumento de peso y a enfermedades de todo tipo. Nuestra forma de vida actual nos ha alejado además de los productos naturales tradicionales, que eran más integrales y sanos: las legumbres, los cereales, las frutas y las verduras estacionales, los frutos secos y las semillas se han convertido en productos refinados, procesados y precocinados, todo ello muy alejado de la cocina casera y de cultivo biológico. Nuestra comida se ha desvitalizado y se ha llenado de azúcares muy perjudiciales para el organismo. Las frutas, las verduras y los cereales que ingerimos ya contienen la glucosa que nuestro cuerpo necesita, por lo que es innecesario tomar un aporte extra de azúcar. El azúcar, para que el cuerpo pueda sintetizarla, necesita vitaminas, principalmente del grupo B, y minerales que tiene que robar de nuestro cuerpo provocando que éste se desmineralice. El hígado también se fatiga por el sobreesfuerzo que supone mantener un nivel de azúcar adecuado en sangre. Hay experimentos que demuestran que incluso un bajo consumo de azúcar refinada es perjudicial para la salud, y hoy en día algunos médicos ya la relacionan con el cáncer, ya que provoca inflamación de los tejidos, lo cual favorece su propagación. La doctora Odile Fernández en su libro *Mis recetas anticáncer* afirma que el azúcar es el alimento del cáncer. Investigadores españoles de la Universidad Rey Juan Carlos han demostrado que el exceso de azúcares aumenta la actividad de una proteína llamada b-catenina, íntimamente relacionada con la progresión tumoral. Evitemos, por lo tanto, lo máximo posible el consumo de azúcar, la bollería industrial, los refrescos de cola y similares, los helados y los dulces de todo tipo.

Hábitos saludables de comida

> Después de volver a analizar las relaciones entre la comida y la salud se ha llegado a la conclusión de que dichas enfermedades (el cáncer, las enfermedades del corazón, las del hígado, la diabetes, la hipertensión, las vasculares del cerebro, el colesterol alto...) tienen su origen en los hábitos y no en la edad.
>
> HIROMI SHINYA, *La enzima prodigiosa*

En la sabiduría milenaria del ayurveda se dice que a la hora de comer lo más importante es tener un fuego digestivo o metabolismo (agni) fuerte. Para ello tenemos que mantener ese fuego siempre encendido y eso se consigue comiendo más veces menos cantidad. Según esta medicina milenaria, lo ideal es comer cinco veces al día. Encontrarás una explicación más amplia sobre el agni y las reglas de la alimentación ayurvédica en mi libro *Conquista tu felicidad*, Ediciones Obelisco, 2008. Las emociones también apagan nuestro fuego digestivo, por ello es aconsejable no comer cuando estamos emocionalmente alterados, comer de forma relajada y sólo hacerlo cuando tengamos hambre. Además, ten en cuenta los siguientes hábitos saludables:

- Come pan de centeno o espelta y cereales integrales o cereales como la quinoa, el mijo, el bulgur, el arroz rojo o integral.
- Reduce o elimina el consumo de alcohol, cafeína, colas, azúcares, bollería industrial o harinas refinadas.
- Reduce o elimina el consumo de carnes rojas, pues tienen muchas toxinas derivadas de los procesos metabólicos del animal y de la forma en que es alimentado para que crezca rápido. Elige el pescado o la proteína vegetal en su lugar.
- Sustituye la leche de vaca por la de avena, avellana, almendra u otra de las muchas leches vegetales que encuentras en el mercado, ya que son una opción mucho más sana.

- Sustituye la sal blanca por la sal marina. A la sal de mesa se le añade un químico para volverla blanca que tiene elementos cancerígenos. La sal marina, sin embargo, es un concentrado de minerales naturales y por tanto es beneficiosa para el cuerpo.
- Reduce o elimina los platos precocinados y sobre todo los recalentados, pues cuando han pasado siete horas desde su cocción, las sobras ya no tienen energía vital.
- Cocina al menos una vez al día, come verdura y fruta cada día.
- Elimina los edulcorantes artificiales, especialmente el aspartamo, ya que hay estudios que prueban que produce enfermedades neurodegenerativas y tumores cerebrales.
- Descubre las fuentes vegetales de proteínas: seitán, tofu, legumbres, quinoa, espelta, tempeh y otros cereales como el mijo o la avena.
- Consume aceite de oliva, ya que tiene innumerables beneficios: reduce el colesterol y la hipertensión gracias a sus polifenoles y el ácido oleico, mejora la función digestiva, tiene acción antiinflamatoria, mejora la absorción del calcio, el magnesio y el zinc, por lo que mejora la osteoporosis y es antioxidante gracias a la vitamina E.
- Consume algas, las verduras del mar ricas en minerales tienen efecto alcalinizante y ayudan a disolver las grasas.
- Toma suplementos alimenticios de forma regular: polen, algas, jalea real, oligoelementos, enzimas, aceites omega 3 o 6… Los suplementos pueden ayudarte a dar un impulso a tu salud y a mantenerla. Y a partir de cierta edad son necesarios sobre todo porque nuestra dieta es deficitaria. Nuestros alimentos pueden darnos energía o fatigarnos, enfermarnos o sanarnos, según el uso que hagamos de ellos. Intenta comer alimentos que te den energía y suprimir los que te la quiten. Poner conciencia a la hora de comer es un hábito imprescindible para que nuestra vida se llene de luz.

Comiendo con *mindfulness*

Buena parte del sufrimiento del mundo deriva de no comer conscientemente, de no observar profundamente qué y cómo comemos.

THICH NHAT HANH

La monja budista Tenzin Palmo describía en *Into the heart of life*, Snow Lions Publications, 2011, la forma en que comemos: «Imagina que vas a comerte tu manjar favorito, por ejemplo un pastel de chocolate, en el primer bocado hemos decidido que está delicioso, en ese primer bocado ponemos mucha atención. En el segundo bocado ya hemos perdido interés por lo que estamos comiendo. En el tercero ya no sabemos ni siquiera que estamos masticando, entramos en un estado de semiinconsciencia mientras comemos, nos vamos a nuestros pensamientos y perdemos totalmente la presencia». Esta forma de comer es también la forma en que vivimos, sólo presentes en el primer bocado, adquiriendo un gran interés por algo, pero manteniendo la atención en ello sólo durante unos instantes para ir rápidamente a otra cosa o pensamiento. Pasamos la vida de una ensoñación a otra, de un deseo a otro, ajenos a las cosas que están aquí y que en verdad podemos saborear. El momento de la comida es ideal para practicar la atención plena. En mi primer retiro de silencio, la comida que tomábamos cobró un valor extraordinario que nunca antes había tenido; una simple ensalada se convertía en una exquisitez culinaria. Los sabores y el placer de comer se intensificaron, entonces me di cuenta de todo lo que nos perdemos a la hora de comer. Hay tanto espacio para la mejora en este aspecto que merece la pena probar este pequeño cambio de hábito. Come al menos una vez al día en completo silencio y prestando toda tu atención a la comida, intenta no irte tras tus pensamientos. Concéntrate en el sabor de cada cosa y en el valioso regalo que significa tener cada día un plato para comer; muchas personas de este planeta pasan hambre todos los días. Al comer en silencio podemos darnos cuenta de si comemos más de la cuenta o si lo hacemos de forma compulsiva; algo normal, por otra parte, cuando tenemos estrés. Veamos a continuación como comer conscientemente nos ayuda también a regular nuestro peso.

Perder peso con *mindfulness*

> Es evidente que no sólo somos lo que comemos; somos lo que consumimos a través de todos nuestros sentidos.
>
> THICH NHAT HANH y DRA. LILIAN CHEUNG,
> *Saborear, mindfulness para comer y vivir bien*

Comer de forma automática es una de las causas principales del sobrepeso que padecemos; estamos acostumbrados a comer y hacer otras cosas a la vez; no prestamos atención a la comida, de igual forma que vivimos dispersos en general. En nuestra sociedad occidental tenemos costumbre de comer y beber constantemente durante todo el día; porque nuestra hambre es más psicológica que real, comemos para sentirnos mejor o calmarnos y no para saciar un hambre verdadera. La atención plena nos permite ver el sufrimiento que nos causa esa compulsión al comer, observarlo de forma desapegada y ver nuestro comportamiento sin juzgarnos ni condenarnos por ello, aceptándonos tal y como somos ahora mismo. Es mejor comer con conciencia que hacer dietas que al final sólo nos producen un frustrante efecto yoyó. Comer con atención plena reduce el estrés y sin él empezamos a comer a partir de un hambre real. La atención plena o *mindfulness* nos ayuda a ver en profundidad el origen de nuestros problemas con la comida: por qué comemos lo que comemos, cómo nos sentimos después de haber tomado nuestros alimentos y qué nos impide alimentarnos de forma saludable. Si tenemos sobrepeso, es de vital importancia averiguar su causa, porque los especialistas afirman que los riesgos para nuestra salud no sólo aparecen con la obesidad, sino que un simple sobrepeso favorece la aparición de enfermedades como la diabetes, la hipertensión, el asma, el cáncer, la infertilidad, los cálculos en la vesícula, las cataratas o la muerte prematura. Practicar *mindfulness* o atención plena significa estar atentos a cada bocado, a los olores de los alimentos, los sabores, la textura, la temperatura, a todas las sensaciones que se producen en nuestra boca, nuestro cuerpo y nuestra mente al comer. A la hora de perder y mantener el peso con la atención plena hay algunos puntos básicos: no debemos tomar alimentos con mucho azúcar, como los refrescos o la bollería industrial, debemos practicar al menos media hora de ejercicio moderado al día y dormir lo suficiente. Una de las principales causas de aumento de peso es la privación de sueño, ya que ésta altera el equilibrio de las hormonas que controlan el apetito; las personas que duermen mal suelen tener más hambre y de alimentos menos saludables. Comer y vivir más conscientemente nos centra y nos da paz. Podemos resumir este plan saludable de comer con *mindfulness* en respirar conscientemente, alimentarnos conscientemente y dar paseos de forma consciente cada día. El cambio en nosotros no va a producirse de hoy para mañana, pero tenemos que ser perseverantes. Para volver a conectar con el placer de comer el siguiente ejercicio de Thich Nhat Hanh puede ayudarnos:

Meditación de la manzana (adaptado de las enseñanzas de Thich Nhat Hanh)

> Coge una manzana. Lávala y antes de morderla detente a observarla. Hemos comido muchas manzanas en la vida sin pensar en ellas. ¿Realmente las hemos disfrutado? Al comer la manzana nos concentramos en comerla, sin pensar en nada más. Es muy importante no hacer nada más: ni conducir, ni caminar, ni leer ni ver la televisión. Quédate quieto y concentrado y come con mucha lentitud para poder saborear las cualidades que te ofrece la manzana: su dulzura, su aroma, su frescor, su naturaleza jugosa y crujiente.

A continuación toma la manzana en la palma de la mano y obsérvala. Inspira y espira varias veces, conscientemente, para estar en contacto con las sensaciones que te produce la manzana. La mayor parte de las veces apenas vemos la manzana que estamos comiendo. Normalmente la mordemos, la masticamos rápidamente y la tragamos. ¿Cuál es su color? ¿Cuál es su tacto? ¿Cómo huele? Entonces sonríe a la manzana y lentamente dale un mordisco y mastica. Sé consciente de tu inspiración y espiración durante unos momentos para ayudarte a concentrarte únicamente en comer la manzana: la sensación que produce en tu boca; a qué sabe; cómo es masticarla y tragarla. En nuestra mente no hay nada más mientras masticamos, ni proyectos, ni plazos de entrega, ni preocupaciones, ni lista de tareas por hacer, ni angustias, ni enfados, no hay pasado ni futuro; sólo está la manzana.

Al masticar sé consciente de lo que masticas, hazlo lentamente, veinte o treinta veces cada mordisco. Mastica conscientemente disfrutando el sabor de la manzana y su alimento, sumergiéndote en la experiencia al 100 por 100. Así apreciarás la manzana en lo que es.

En esos pocos minutos en el aquí y ahora puedes sentir el placer y la liberación de la ansiedad que te puede ofrecer una vida vivida con atención plena. Comer así es placentero y es bueno para nuestra salud. En una manzana podemos ver todo el universo: al campesino que atendía al manzano, la flor que se transformó en fruto, la tierra, el abono, la luz del sol, las nubes y la lluvia, sin todos estos elementos la manzana no existiría. En su aspecto más esencial, la manzana es una manifestación de la vida y está conectada a todo lo que existe. Alimenta nuestro cuerpo, y si lo hacemos de forma consciente, también alimenta nuestra alma y recarga nuestro espíritu.

Comer de esta forma es una manera de comunicación profunda con nosotros mismos y de obtener más salud física y mental. Cuando comemos con el piloto automático y con prisa, no sólo nos comemos la comida, sino también nuestras preocupaciones y ansiedades. La atención plena nos ayuda a discernir cuáles son nuestras necesidades reales, las que nutren nuestras semillas de paz y felicidad, y cuáles nos perjudican creando miedos y angustias innecesarias. Regar nuestras semillas de atención plena nos ayuda a calmar nuestro sufrimiento, y cuando éste ya no está presente desaparece la compulsión a la hora de comer, la razón principal por la que ganamos peso.

La salud por el ayuno (técnicas depurativas)

> Todo lo que comemos, lo que pensamos, el entorno físico en que estamos..., todo afecta nuestro campo energético armonizándolo o desarmonizándolo.
>
> ANA MARÍA OLIVA, ingeniera y doctora en Biomedicina

Uno de los hábitos que más ha contribuido a equilibrar mi salud es el ayuno. Tan importante es tomar alimentos saludables como no tomarlos en exceso, y cuando ha habido exceso saber compensarlos. El reconocido médico gastroenterólogo japonés Hiromi Shinya nos habla en sus libros *La enzima prodigiosa* y *La enzima para rejuvenecer* de la basura que se acumula dentro de nuestras células, básicamente compuesta por proteínas defectuosas. También de las sustancias de desecho que se acumulan en nuestros intestinos. Cuando llegamos a los cuarenta, nos dice, la acumulación de desechos puede hacernos propensos a la fatiga y la enfermedad. El envejecimiento no es el culpable de nuestro deterioro, añade, si cuidamos nuestro cuerpo de manera apropiada, podemos llevar una vida llena de energía y salud hasta una edad avanzada. Cuando yo tenía unos 32 años, me sentía a nivel físico como una persona mucho mayor de lo que era, mi energía y mi estado de ánimo estaban bajo mínimos. Sufrí de fibromialgia y cansancio crónico durante al menos dos años, aunque nunca fui formalmente diagnosticada porque no hay un test que confirme esta enfermedad. Indagué bastante sobre el tema, incluso llegué a escribir un ensayo sobre la enfermedad. Al final conseguí recuperarme totalmente tras un proceso, que a mí me pareció muy largo, de unos dos años. Con un enfoque multidisciplinar basado en cambios en la dieta, ayuno, suplementos alimenticios, yoga, meditación y un cambio de patrones mentales conseguí recuperarme completamente. Aquí en Occidente, la fibromialgia es vista como una enfermedad crónica, tenemos que resignarnos a vivir con ella; en Oriente se le da un enfoque más holístico y se percibe como curable. Durante este proceso, hacer mi primer ayuno terapéutico mejoró drásticamente mi salud. Realicé mi primera cura de sirope de savia con limón durante siete días gracias a la recomendación de mi amiga Silvia Traver, y con ella ya desapareció el 70 por 100 de los dolores que padecía, según mi propia percepción. Durante esta cura pude percibir cuán intoxicado estaba mi cuerpo. Más tarde, en ayunos sucesivos y con un cambio progresivo de hábitos, logré la curación total. El punto y final definitivo a la enfermedad lo puse tomando un suplemento alimenticio de venta en farmacias llamado *Recuperation*, creado por un informático de Girona, Alfred Blasi, específicamente para la fibromialgia que él padecía. Con una proporción concreta de sodio, potasio, magnesio y calcio, las sales minerales de este producto me ayudaron a eliminar los últimos residuos de la enfermedad. Hoy en día suelo realizar esta cura de ayuno durante nueve días una vez al año y me funciona como una puesta a punto o un *reset* que me deja llena de vitalidad, ligereza, creatividad y motivación. Revitalizar las células y liberarlas de los desechos tóxicos acumulados es, como afirma Hiromi Shinya en sus libros, una forma de recuperar la salud. Pero la curación de una dolencia como la fibromialgia no puede atribuirse a una sola cosa, sino a un conjunto de hábitos que empecé a cambiar, incluidos los hábitos de pensamiento. Tanto la enfermedad como la curación, la felicidad o el sufrimiento, tienen su origen en la mente, y para sanar tenemos que ir al origen. Nuestro cuerpo está muy influido por cada uno de los pensamientos que tenemos y por las emociones que se derivan de ellos, por lo que comemos y por lo que dejamos de comer y, por supuesto, por el modo en que lo comemos… Todo ello nos armoniza o nos desequilibra. El ayuno es un claro ejemplo de que *menos es más* o de que tenemos que vaciarnos para llenarnos de plenitud como reza el *Tao Te Ching*. Hay veces en las que el cuerpo lo que más necesita es un descanso de alimentos para poder sanarse, como pude comprobar por mí misma. Hoy en día, aparte del ayuno anual, realizo también un día de ayuno a la semana que me aporta equilibro para toda la semana. Una vez, hace ya un tiempo, acudí a un médico ayurveda y su diagnóstico fue que, según mi constitución, lo mejor para mi salud era hacer un día de ayuno semanal para el resto de mi vida. Por aquel entonces me pareció algo demasiado drástico, y aunque tardé algunos años en seguir su consejo, en cuanto empecé a realizarlo fui consciente de los enormes beneficios que este día me proporciona, muy superiores al esfuerzo de voluntad que tengo que invertir para realizarlo. Hoy en día nuestros cuerpos necesitan mucho más que cualquier otra cosa deshacerse de las toxinas y los venenos que durante años tragamos a través de los alimentos, el aire y la piel. Éste es el primer paso para nuestra sanación, el siguiente es alimentarnos de forma sana. Si te interesa hacer una cura de ayuno te recomiendo informarte bien antes, lee libros y consulta con un médico que conozca el tema sobre tu condición física e idoneidad para hacerlo y sí es así, adelante. Éste es una de los hábitos que más beneficios y salud me ha aportado a lo largo de los años. A continuación, un poco más de información sobre el ayuno, para que puedas tener un mejor criterio:

Qué es el ayuno

El doctor Pablo Sanz Peiró, doctor en Medicina y Cirugía por la Universidad de Zaragoza y especialista también en Hidrología y Climatología, define el ayuno como «provocar en el organismo una serie de reacciones mediante la supresión del aporte de comida sólida, lo que hace que se viva a costa de las propias reservas de calorías, desencadenándose por ello una revolución física y psíquica. Durante el ayuno no se toma nada sólido; sólo se beben líquidos, procurando que el aporte total no sobrepase las 300 calorías diarias. Es muy importante también durante el ayuno suprimir lo innecesario, como el café, tabaco, alcohol... [...]. Ayunar no es pasar hambre, ya que durante el ayuno desaparece el apetito; tampoco es morirse de hambre ni se tienen que producir carencias de elementos esenciales porque se vive de las reservas que tiene nuestro cuerpo; quizás lo único que se produce es la movilización de estas reservas para gastarlas y que sean sustituidas por otras en el momento de la realimentación».

Al ayunar ingerimos unas trecientas calorías al día en forma de líquidos como agua, zumos, infusiones, sirope de savia o caldo de verduras. Realizado de una forma controlada y bajo supervisión médica, puede ser muy beneficioso para la salud. En países como Alemania, Suiza, Austria o Francia los médicos lo prescriben como método de curación desde hace tiempo; sin embargo, en España aún hay muy pocos profesionales que lo utilicen como terapia más allá de las clínicas de adelgazamiento. De un análisis realizado por el doctor Sanz Peiró y por Shila Tejero para la Universidad de Zaragoza sobre las indicaciones terapéuticas del ayuno, se desprenden las siguientes conclusiones: «Se ha constatado su eficacia en el tratamiento de enfermedades reumáticas, dolor crónico, hipertensión, enfermedades inflamatorias y degenerativas crónicas, o incluso como complemento para paliar los efectos de la quimioterapia en los procesos contra el cáncer. También hay estudios que señalan que el ayuno tiene un efecto que potencia el corazón». También subraya el estudio que «el paciente debe realizarlo de forma voluntaria, comprendiendo el mecanismo y sabiendo que posee la suficiente voluntad para aplicarlo». Es decir, el paciente debe conocer su cuerpo y saber sus límites; al principio de un ayuno es normal sentir náuseas, dolor de cabeza, irritabilidad o un poco de hambre que desaparece cuando se continúa. Muchas personas desisten con los primeros síntomas, lo cual es un error. El ayuno es un procedimiento simple y barato. Michalsen, uno de los mayores investigadores del ayuno, dice que si las enfermedades que él resuelve con el ayuno las curase un solo medicamento, sería multimillonario; el problema es que el ayuno no es una patente de la industria farmacéutica. En mi libro *Conquista tu felicidad* expuse algunas otras técnicas depurativas del sistema de medicina ayurveda que puedes consultar. Aunque a mí me funciona perfectamente hacer un día completo de ayuno a la semana, expongo a continuación el breve ayuno que propone el doctor Shinya por ser quizás algo más sencillo de poner en práctica. En definitiva, el ayuno es una herramienta perfecta para la prevención de enfermedades y también para ayudar al cuerpo a sanar. La prevención de la salud mediante hábitos saludables es preferible a ir acumulando malestar hasta que se desarrolla una enfermedad, que podría fácilmente ser evitada con hábitos como éste.

El breve ayuno de Shinya

El ayuno del doctor Shinya es un ayuno matutino que empieza la noche anterior habiendo terminado de cenar como muy tarde a las nueve de la noche, preferiblemente a las seis o a las siete de la tarde. Tras la cena debemos abstenernos por completo de comer, bebiendo, eso sí, agua de calidad. A la mañana siguiente debemos beber agua a temperatura ambiente a pequeños sorbos (500 a 750ml hasta la hora de la comida). A continuación tomar una porción de fruta fresca de temporada. Si comemos a las 13 horas, habremos ayunado un mínimo de 16 horas durante las cuales generamos hambre para que se ponga en marcha nuestra planta celular de reciclaje al activar nuestras enzimas rejuvenecedoras. Haciendo este breve ayuno, según el doctor Shinya, se limpian las proteínas dañadas y se renuevan, mientras se destruyen las células que él llama zombis, células tóxicas que provocan mucho daño en nuestro organismo. Según el doctor Shinya, se puede realizar este ayuno dos o tres veces en semana para revitalizar nuestras células y mantenerlas libres de basura tóxica, elevando nuestra energía física y mental. Encontraréis más detalles en el libro *La enzima para rejuvenecer*, Hiromi Shinya, Aguilar, 2013.

El ayuno con *smoothies* o zumos de frutas y verduras

Realizar el ayuno de un día con batidos o zumos de frutas y verduras combinados es una forma muy saludable de hacer una cura de salud en un solo día. Una de sus virtudes es que te sacian completamente durante todo el día mientras que liberas tu cuerpo de toxinas. Los *smoothies* están de moda, se hacen con la pulpa de la fruta, los zumos se hacen sin pulpa en la licuadora, y ambos son igualmente nutritivos y beneficiosos para la salud, tanto tomados en un día de ayuno como en cualquier otra ocasión.

Principales beneficios de tomar zumos o bebidas a base de frutas y verduras:

- Restablecer el equilibrio entre acidez y alcalinidad para prevenir y resolver problemas de salud.
- Consumir alimentos ricos en enzimas, el suplemento nutritivo más importante que nos ayuda a descomponer y digerir los alimentos. Las enzimas se destruyen con la cocción de los alimentos, por lo que las frutas y verduras crudas son nuestra mayor fuente para consumirlas. Si los alimentos no se digieren bien se produce putrefacción a nivel intestinal, lo que genera toxinas en todo el cuerpo.

- Su contenido en antioxidantes y compuestos fitoquímicos nos aporta energía.
- Las vitaminas, las enzimas y la clorofila ayudan a depurar la sangre.

Espero que toda esta información te anime a realizar tu propia cura de desintoxicación en la manera en que creas más conveniente. Una vez que el cuerpo está equilibrado y limpio de toxinas es mucho más fácil aprovechar los nutrientes de los buenos alimentos y suplementos. A veces para sanar y conseguir el bienestar, tanto mental como físico, tenemos que empezar por restar en lugar de sumar.

Hábito 4: Muévete

No conseguirás mucho en la vida si sólo trabajas los días que te apetece.

JERRY WEST, jugador de baloncesto de los Lakers

Todos nuestros cuerpos y canales están conectados y dependen unos de otros, nos dice el médico y lama tibetano Tulku Lobsang. Al abrirlos tendremos energía y sentiremos alegría y amor. Como vimos anteriormente, es el movimiento del cuerpo físico lo que abre y conecta nuestros canales internos para que fluya el amor y podamos compartirlo. Ésta por sí sola es razón más que suficiente para ejercitarnos en cualquier tipo de movimiento. Para estar felices no sólo tenemos que trabajar con la mente, sino también con nuestro cuerpo físico y con el energético (la respiración). Hacer ejercicio da mucha pereza, sobre todo cuando se ha perdido el hábito de hacerlo, pero, aparte de estas razones poderosas, hay otras muchas que te animarán a retomarlo.

Beneficios para tu salud que proporciona el ejercicio:

- Mejora el sistema cardiorrespiratorio: disminuye la frecuencia cardíaca y mejora el rendimiento del corazón, aumenta la capacidad pulmonar y la oxigenación. Reduce el estrés de los músculos respiratorios, por lo que lleva a una respiración más eficiente. Abre las colaterales de las coronarias previniendo el riesgo de problemas cardíacos. Reduce la presión sanguínea, por lo que va bien para hipertensos.
- Baja la glicemia, el nivel de azúcar en sangre, por lo que ayuda a los diabéticos a mantener niveles adecuados de glucosa e insulina, previene la obesidad y a mejora la utilización de la glucosa por nuestro organismo.
- Aumenta el tono muscular y la resistencia, mejora el rendimiento físico y acelera el metabolismo, lo que favorece la pérdida de masa grasa y mejora también nuestro aspecto físico.
- Los huesos se hacen más gruesos y fuertes y los tendones y ligamentos más resistentes.
- Mejora el sistema inmunitario, el organismo ofrece más resistencia a las enfermedades infecciosas.
- Un ejercicio moderado nos aporta energía y ayuda a mejorar el tránsito intestinal.
- A nivel psicológico es muy beneficioso, pues al practicarlo liberamos endorfinas, unas hormonas que produce el propio cuerpo con efectos similares a la morfina. Cuando el organismo libera endorfinas, la persona tiene sensaciones de placer y bienestar, por lo que son conocidas como las hormonas de la felicidad. El deporte moderado es un antidepresivo natural, facilita el sueño y mejora la vida sexual. La práctica regular de ejercicio físico es una garantía de una respiración eficaz. Al realizar ejercicio sin llegar al agotamiento sentimos una sensación similar a la que se experimenta tomando una droga excitante. Es ideal practicar ejercicio de intensidad media durante treinta o cuarenta minutos, por ejemplo andar rápido.

- Siguiendo con los beneficios a nivel psicológico, el ejercicio nos libera de las emociones tóxicas. El doctor Mario Alonso Puig afirma que según la neurociencia, la oxitocina y la betaendorfina que se liberan durante el ejercicio físico, por ejemplo, caminando rápido, tienen la capacidad de desconectar un núcleo cerebral que se llama amígdala, donde residen las reacciones de ira junto con el hipotálamo. Cuando al realizar ejercicio moderadamente intenso se acelera nuestro corazón, la oxitocina empieza a desconectar la amígdala, que a su vez desconecta el hipotálamo, lo cual elimina nuestras reacciones de ira. Por lo que es muy aconsejable dar un paseo a paso rápido cuando estamos bajo la presión de emociones tóxicas para liberarlas cuanto antes y que no nos dañen a nosotros ni a los demás.

Bailar

Hay atajos para la felicidad, y el baile es uno de ellos.

VICKI BAUM, escritora

Si no nos gusta correr o ir al gimnasio, siempre podemos bailar, que es un ejercicio físico especialmente agradable. En palabras del lama Tulku Lobsang: «Si es con música, nos ayuda a conectar los canales y a activar el amor y la libertad que fluyen por el canal central. Gran parte de nuestro estrés está acumulado en nuestros hombros, al elevarlos cerramos los chakras, esto nos produce cansancio y malestar. Para equilibrar el elemento viento bailar es excelente, especialmente si se combina con dar palmadas, esto nos relaja y nos ayuda a expandir nuestro amor». Además de divertirnos, bailar tiene innumerables beneficios para nuestra salud, tantos que podría considerarse como un medicamento prodigioso: mejora la salud de nuestro corazón y nuestra capacidad pulmonar, nos ayuda a perder peso, a aumentar nuestro nivel de energía y nuestro rendimiento físico, mejora la flexibilidad, la resistencia y la fuerza muscular. También nos ayuda a prevenir y tratar la osteoporosis y a mantener las articulaciones lubricadas previniendo la artritis y nos ayuda a controlar el colesterol y la glucosa en sangre. A nivel emocional, nos hace sentir más felices, porque con el baile segregamos una gran cantidad de endorfinas, las hormonas de la felicidad, por lo que el estrés y la depresión mejoran sustancialmente aprendiendo a disfrutar de la vida. Cuando bailamos rápidamente se nos dibuja una sonrisa en el rostro; para mí no hay nada más espiritual que una sonrisa. Según el *New England Journal of Medicine,* hay estudios que demuestran que, a nivel mental, el baile mejora la memoria y ayuda a prevenir enfermedades como la demencia o el alzhéimer, también aumenta la inteligencia y la agudeza mental. Además, las clases de baile estimulan la conectividad del cerebro generando nuevas conexiones neuronales que mejoran la coordinación y los reflejos. El baile también representa una oportunidad para relacionarnos con otras personas a nivel social de todas las edades y culturas, nos ayuda a cuidar nuestro aspecto e imagen personal mejorando nuestra autoestima y confianza, por ejemplo cuando vamos aprendiendo y dominando nuevos pasos de baile. Personalmente, el baile ha resultado ser para mí una fantástica meditación, al bailar mi mente desaparece y sólo queda el baile y una sensación única de vida y diversión. El baile nos obliga a estar presentes para poder coordinar, pero una vez que lo conseguimos, la mente rígida, controladora e incansablemente enjuiciadora, ya no está ahí. Bailar no es menos sagrado que sentarse en un cojín de meditación, pienso que podemos conseguir exactamente lo mismo bailando una canción que meditando media hora. Salvando las distancias, cualquier cosa puede ser sagrada, porque lo sagrado es la vida misma y todo lo que hay de vivo en ella. Definitivamente, el baile puede acercarnos más a la esencia de lo que somos, a olvidar la seriedad del mundo y recordar que nada es tan importante; que todo pasa y que todos pasamos. Vivir bailando es vivir más feliz, eso lo sé seguro.

Resumiendo: al hacer ejercicio el oxígeno inunda nuestras células, la mente se ordena, el espíritu se relaja y los pensamientos desaparecen o circulan más lentamente por nuestra mente a la vez que la alegría nos invade después del esfuerzo. El ejercicio físico moderado aumenta nuestra calidad de vida y nuestra salud física y mental. Sin embargo, la moderación es importante, de lo contrario el ejercicio podría quitarnos energía en lugar de fortalecernos; para que sea beneficioso no debemos cansarnos tanto que luego nuestro cuerpo necesite un esfuerzo extra para reponer fuerzas. Si lo haces así, este hábito será un potente rayo de luz en tu vida. Muévete e ilumina tu vida.

Hábito 5: La hidroterapia como autocuración y relajación

La hidroterapia, un poco de historia

Si hay magia en este planeta, está contenida en el agua.

LORAN EISELY

La hidroterapia es el uso terapéutico del agua. El efecto térmico frío-calor producido por las aplicaciones de agua provoca una respuesta en el organismo que puede aprovecharse para el tratamiento y la prevención de múltiples dolencias. Los estímulos térmicos sobre la piel provocan una respuesta circulatoria y también una respuesta más profunda a nivel muscular y de los órganos internos. La creencia en la fuerza curativa del agua existe desde el hombre prehistórico, el cual ya recurría a los poderes saludables del aire, del agua y del sol. El agua siempre ha sido un elemento sagrado y objeto de culto. Los egipcios (año 300 a. C.) hicieron del baño un arte de lujo; tomaban baños fríos y calientes y se hacían masajes corporales con aceites y esencias. En la antigua Roma también utilizaban el sol, el aire y el mar como agentes curativos; así como utilizaban la dieta, la hidroterapia, el masaje y el ejercicio para sanar antes que tomar medicamentos. Durante el Imperio romano, los recursos relacionados con el agua se socializaron e institucionalizaron; había termas o baños públicos en todas las ciudades con baños a diferentes temperaturas donde la gente socializaba: *caldarium* (caliente), *frigidarium* (fría), *tepidarium* (templada), *laconium* (baño de vapor). En la antigua Grecia también se combinaban el ejercicio, la hidroterapia y el masaje con finalidad curativa o como preparación para competiciones atléticas. Hipócrates, reconocido como el padre de la medicina, fue el primero en impulsar la hidroterapia. Dijo que la enfermedad era un desequilibrio del cuerpo que había que corregir y que la hidroterapia era una herramienta muy eficaz para ello: baños de vapor, aplicaciones de fango o de agua fría para dolores crónicos articulares o procesos inflamatorios y de agua caliente para espasmos musculares o insomnio y el agua de mar para las erupciones cutáneas. Tras las invasiones bárbaras, las termas romanas se destruyeron y hubo una involución en la práctica de las curas termales. La Iglesia cristiana consideraba las termas romanas un lugar de perversión, y por ello durante la Edad Media se hizo poco uso de las aguas mineromedicinales. Fue más tarde, con la invasión de los árabes, cuando se volvieron a utilizar los baños públicos y las curas termales, reutilizando las termas romanas y mejorándolas. En Oriente, sin embargo, durante la Edad Media siguió extendiéndose la costumbre de los baños. Por ejemplo, en Turquía los baños turcos seguían siendo el centro de la vida social.

Historia reciente

En el siglo XIX, el médico y sacerdote Sebastian Kneipp (1821-1897) fue uno de los pioneros en retomar el saber de la hidroterapia. Sus métodos combinaban la dieta, la psicoterapia, el ejercicio físico y la hidroterapia con efectos probados durante más de cien años. Kneipp utilizó el agua para reforzar el equilibrio psicoespiritual y fortalecer el sistema inmunitario en general. Probó que el sistema circulatorio y nervioso mejoran, así como los estados de agotamiento. Kneipp decía que en los tratamientos con aguas se ha de tener en cuenta que:

– Una pequeña estimulación activa las funciones vitales.
– Una estimulación media y bien dosificada fortalece.
– Una sobreestimulación es perjudicial.
– El agua caliente tiene un efecto tranquilizante, pero una sobreestimulación (temperatura demasiado elevada o un baño demasiado largo) puede producir el efecto contrario (nerviosismo e insomnio).
– Un organismo frío o debilitado se ha de tratar con temperaturas alternas. El agua fría se utiliza para procesos agudos y crónicos.
– No debemos olvidar que toda estimulación fría sólo se puede administrar en un cuerpo caliente.

Existen múltiples aplicaciones curativas con agua, como por ejemplo: baños de pies de temperatura ascendente o alterna, baños fríos de brazos, baños de asiento, baño completo, chorros de rodilla, de piernas, lumbares…, envolturas, baños de sol, de aire, cepillado en seco… y un sinfín de técnicas más. Os recomiendo echarle un vistazo al libro *Guía práctica de la hidroterapia Kneipp*, ed. Integral. Kneipp también utiliza la sauna con efectos terapéuticos porque ésta es una combinación de estímulos fríos y calientes.

Experiencia personal

En la primera versión de *Conquista tu felicidad* incluí un apartado de hidroterapia que más tarde descarté. Siempre he querido transmitir este conocimiento que me ha aportado salud y bienestar y que es uno de los motivos por los que en un determinado momento de mi vida monté un pequeño balneario (Day Spa) en el lugar donde resido. Aprendí la hidroterapia que sé de mi exmarido, Wolfgang. En Alemania, de donde es oriundo, es una práctica común relajarse en la sauna tras un duro día de trabajo. Ciertamente el mal tiempo y la oscuridad invitan al bienestar que se siente en los centros termales. En ese país conocí lugares maravillosos donde relajarse en circuitos termales con saunas de todo tipo, *hamman, jacuzzis,* salas de relajación y un sinfín de aplicaciones más del mundo del agua y del *wellness*. Pude asimismo comprobar que allí hay un conocimiento de la hidroterapia que en nuestro país se ha perdido. Conocí que cada sauna tiene una aplicación y efectos diferentes, que cada una requiere un tratamiento de agua a diferentes temperaturas y que existe una manera óptima de combinarlas. No es lo mismo un *hamman* o baño de vapor que una sauna seca o finlandesa; no son iguales ni los efectos ni el procedimiento que hay que seguir en cada una. Hoy en día existen aquí muchos spas o balnearios donde hacer circuitos termales, pero es bueno saber cómo realizarlos para que tengan un efecto beneficioso sobre nuestra salud.

Ejemplo de un circuito termal

Si acudimos a un centro termal empezaremos tomando una ducha de agua caliente con agua y jabón antes de entrar al circuito (al acabar no necesitaremos enjabonarnos ni ducharnos más, pues nuestra piel estará limpia de impurezas y la notaremos finísima al tacto). Continuaremos relajándonos en las piscinas de chorros, en la parte más lúdica, por así decirlo. Si hay *hamman* o baño a vapor, éste es el momento de realizarlo, al acabar nos ducharemos con agua templada (¡que no fría!). La última parte del circuito ha de ser siempre la sauna seca a 70º-80º o 90º grados. Finalizaremos el proceso con una ducha fría, un baño de inmersión en agua helada y un baño de pies caliente hasta los tobillos para acabar estirándonos bien abrigados en toallas o albornoz durante un mínimo de 15 minutos. Podremos repetir la sauna seca dos veces (12 min. máximo cada vez con un período de descanso en medio). Si sigues este proceso tal y como se explica, es probable que, al igual que me sucedió a mí, te conviertas en un aficionado más de la hidroterapia. Quizás meternos en la pileta de agua fría no nos parezca tan buena idea, yo también lo pensaba así, pero es justamente esa parte la que produce el efecto vigorizante y relajante más importante. La agradable sensación de vitalidad y ligereza que nos aporta el agua fría nos hará sin duda querer repetir. Se trata de tolerar un poco el calor y luego un poco el frío para llegar en muy poco tiempo a un estado de relajación profunda. Éste es un hábito importante en mi rutina de vida; hacerlo al menos una vez en semana me revitaliza y me recarga de energía. En contacto con las aguas, en especial si son termales, o tras tomar una sauna, siento que mi cuerpo se llena de luz y de vida.

Efectos beneficiosos de la sauna seca (finlandesa)

Al aumentar la temperatura corporal se activa el metabolismo y se eliminan toxinas por la piel. En general, una presión sanguínea alta desciende y una presión baja aumenta un poco. Los bronquios se dilatan y el sistema nervioso se estabiliza, se eliminan contracturas y miedos. Los efectos de la sauna son de fortalecimiento. Mejora la circulación sanguínea, la artrosis (desgaste de las articulaciones), el reumatismo, los estados depresivos y las molestias de la menopausia.

No se recomienda en caso de: Arterioesclerosis, enfermedades del corazón en grado agudo, epilepsia, procesos cancerígenos, hipertiroidismo o hipotiroidismo en grado agudo, epilepsia, artritis reumatoide, úlceras o enfermedades infecciosas agudas.

Concluyendo, los siguientes serían los pasos a realizar para hacer la sauna correctamente según Sebastian Kneipp:

– Hay que tomarse el tiempo suficiente (al menos dos horas). No debe entrarse a la sauna ni con hambre ni con el estómago lleno.
– Por motivos higiénicos, hay que ducharse a fondo primero y secarse bien (la piel suda antes). Y estirarse encima de una toalla para que el sudor no caiga en la madera.
– Estancia corta en la sauna (de 8 a 12 minutos), seguidamente una refrigeración fuerte con ducha de agua fría y después de aclarar el sudor sumergirse en la pileta de inmersión de agua helada (entrar y salir).
– Finalmente, un baño caliente de pies hasta los tobillos dilata los vasos sanguíneos en toda la piel. Muy importante para el fortalecimiento.
– Seguidamente estirarse y relajarse durante al menos diez minutos envuelto en toallas o albornoz, si puede ser, en una tumbona con los pies ligeramente en alto para facilitar la circulación de retorno.
– Se puede entrar hasta tres veces en la sauna (de 8 a12 min.).

Errores comunes al tomar una sauna:
- Beber durante la sauna (no se produce la desintoxicación corporal). Se recomienda beber agua o zumos de fruta después de tomarla.
- No secarse al entrar en la sauna retrasa la sudoración.
- Hablar mucho (carga la respiración y la circulación).
- Ducha caliente después de la sauna (carga el corazón y la circulación).

- Meterse en la pila de inmersión sin aclarado (ensucia el agua de la pileta).
- Pila de inmersión templada (retrasa el enfriamiento, carga el corazón).
- Sin baño de pies caliente (retrasa la normalización circulatoria).
- Enjabonarse repetidamente (estropea el manto ácido de la piel).
- No taparse antes de estirarse en la relajación (peligro de enfriamiento).

En la actualidad, las instalaciones termales se han modernizado mucho, pero en general en nuestro país la mayoría de las personas las utiliza solamente en su aspecto más lúdico. Por desgracia, aquí no ha habido un doctor Kneipp que reviviese el antiguo saber de la hidroterapia con efectos curativos, pero nunca es tarde para aprender a aprovechar al máximo las propiedades de las aguas termales. En casos de resfriado común, contracturas, bajo estado de ánimo u otras dolencias leves, te animo a probarlo en lugar de recurrir a los medicamentos, y sobre todo a utilizar la hidroterapia como fortalecimiento de la salud y prevención de enfermedades.

El cuerpo y el alma

> Todos necesitamos alegría. Para recibirla sólo hay una manera: dársela a otros.
>
> EKNATH EASWARAN

Una vez que hemos regresado a nuestro cuerpo y sentimos una vibración de salud, nos será más fácil ir al siguiente paso: el movimiento consciente y la meditación. En estas técnicas se parte del cuerpo para trascenderlo y llegar al ser. En este apartado hablamos de hábitos que tienen que ver con el movimiento consciente o movernos teniendo conciencia de nuestro propio cuerpo. En este tipo de movimiento utilizamos el cuerpo físico como vía de liberación del espíritu y como camino para llegar a un saber intuitivo que se manifiesta cuando nuestro cuerpo está en equilibrio. Cualquier tipo de postura, sobre todo en yoga, simboliza una postura psíquica. Se trata de trabajar sin esfuerzo, fijándonos en las sensaciones que nos producen las posturas. En el movimiento consciente trabajamos a nuestro ritmo y sin excedernos. Cuando cuidamos nuestro cuerpo de forma consciente, los bloqueos que produce la mente se van deshaciendo y el espíritu vuelve a sentirse alegre.

Hábito 6: El movimiento consciente

El Yoga

> En realidad, el yoga es una ciencia espiritual que nos lleva al equilibrio entre materia y espíritu.
>
> SADANANDA

Yoga es una palabra que viene del sánscrito y que significa «unión». La intención del yoga es unir la mente, el cuerpo y el espíritu. Con las posturas y la respiración intentamos equilibrar nuestro cuerpo físico y nuestros cuerpos más sutiles liberándolos de bloqueos para que fluya el prana, la energía del universo, por todos nuestros canales. El yoga nos recarga de energía vital y nos ayuda a tener salud física y serenidad mental. Al practicar las posturas estamos presentes en nuestro cuerpo físico con la intención de trascenderlo para unirnos con la divinidad que reside en nuestro interior. Este saber milenario se originó hace 5000 años en la India y con él se pretende alcanzar la sabiduría que reside en nuestro interior, no a través del intelecto, sino a través de la presencia total en el cuerpo físico. Pero el yoga no son sólo posturas físicas (asanas), también incluye la respiración (pranayama), la meditación, los mudras (sellos energéticos), los kriyas (limpiezas), los kirtan (cantos), los mantras y los rituales. El yoga es todo un sistema de medicina holística que induce procesos naturales de sanación y que busca el bienestar y la paz interior. Todo ello implica seguir un estilo de vida observando ciertas pautas, principios de vida y regímenes de alimentación. Por eso se dice que el yoga es una disciplina. El yoga busca la iluminación, la trascendencia, por eso no es sólo un camino, sino un fin en sí mismo. Se busca ir más allá de los límites mentales para sumergirnos en la conciencia universal, superar la ignorancia básica con la que opera nuestra mente y fluir con nuestro yo sagrado. Lo más practicado del yoga son las posturas físicas o asanas, llamado también hatha yoga, pero no debemos olvidar que éste es sólo un elemento de todo un sistema que busca la unión del cuerpo y de la mente con el ser espiritual.

12 posturas básicas de yoga
Cada maestro de yoga tiene su serie de asanas básicas. Como referente para presentar las posturas más básicas de yoga me voy a referir a Sivananda, una de los máximas autoridades del hatha yoga a nivel internacional. Para Sivananda, las posturas básicas de yoga son doce. Como practicante de yoga desde hace muchos años, puedo decir que todas estas asanas son comunes en una buena clase de yoga. Según Sivananda, estas posturas básicas contienen la esencia del yoga y todos sus beneficios.

1. Postura sobre la cabeza (Sirshasana)

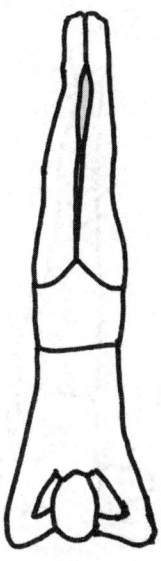

Esta postura no debe ser practicada por gente con problemas cardíacos o tensión alta. A pesar de estas contraindicaciones, ésta es una de las posturas más beneficiosas del yoga. Debido a la fuerza de la gravedad el arco de la aorta, la carótida, la innominada y la subclavia reciben mayor afluencia de sangre arterial, también el cerebro y todo el sistema nervioso, por lo que favorece la mejora en los desórdenes nerviosos, oculares, de oído, de garganta y nariz. También mejoran las venas varicosas, los cólicos renales y el estreñimiento, ayuda a descansar el corazón y previene los problemas de espalda. Aumenta la memoria y mejora el asma y los estómagos caídos.

2. Postura sobre los hombros (Sarvangasana)

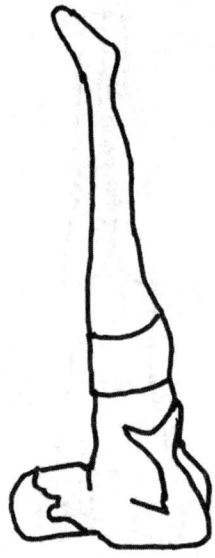

Esta postura estimula el funcionamiento de la glándula tiroides. Ayuda a mantener la figura joven y la piel suave. Previene el estreñimiento, las varices, los desórdenes gastrointestinales y los de la mujer. Reduce la grasa y ayuda a mantener la columna vertebral flexible actuando sobre el sistema nervioso.

3. Postura del arado (Halasana)

Esta postura flexibiliza las regiones lumbares y cervicales de la columna y masajea los órganos abdominales. Los 31 pares de nervios espinales son alimentados y tonificados por la corriente sanguínea. Alarga los músculos de las piernas y de la espalda, hombros y brazos. Previene contra la osificación prematura de las vértebras, los males de hígado y bazo y la obesidad.

4. Postura del pez (Matyasana)

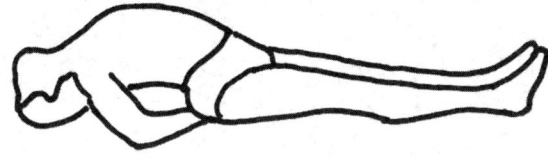

Esta postura elimina la congestión y los calambres musculares producidos por las posturas anteriores y favorece el funcionamiento de la tiroides y paratiroides, así como las glándulas endocrinas, la pituitaria y la pineal son estimuladas y tonificadas. Los nervios cervicales y supradorsales son nutridos de sangre corrigiendo los hombros y las espaldas caídas. Corrige la rigidez en lumbares y cervicales.

5. Postura de la pinza (Paschimotanasana)

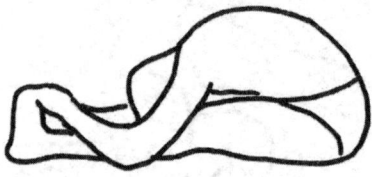

Es un poderoso ejercicio que estimula la función de las vísceras abdominales: riñones, hígado, páncreas..., tonifica los nervios epigástricos, la vejiga, la próstata y los nervios lumbares. Fortalece los tendones de las corvas y los músculos de la parte posterior del cuerpo. Proporciona una gran elasticidad a la columna vertebral y por eso es rejuvenecedora.

6. Postura de la cobra (Bhujangasana)

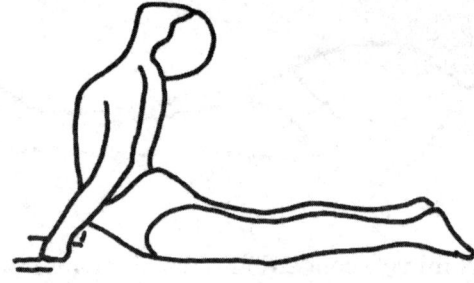

Fortalece los músculos internos y externos de la espalda y disipa los dolores derivados del exceso de trabajo. Fortalece también los músculos abdominales y combate el estreñimiento. Tonifica los ovarios y el útero evitando la amenorrea, la dismenorrea y otros trastornos del aparato genitourinario femenino.

7. Postura del saltamontes (Salabhasana)

Regula las funciones intestinales y fortalece la resistencia de las paredes abdominales, las vértebras de la región lumbar y el hueso sacro. Proporciona un excelente masaje al hígado, páncreas y riñones. Hace desaparecer en poco tiempo los dolores de espalda y la ciática.

8. Postura del arco (Dhanurasana)

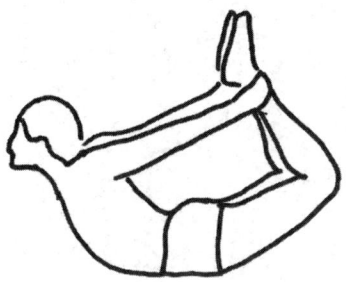

Con esta postura se fortalecen los músculos de la espalda y también los abdominales. Produce los efectos combinados de la cobra y el saltamontes beneficiando la columna vertebral desde la región cervical hasta el sacro. Ayuda a reducir la grasa, fortalece la digestión y reduce el estreñimiento. Alivia la congestión de la sangre de las vísceras abdominales y fortalece los músculos de las piernas.

9. Postura de la media torsión espinal (Ardha matsyendrasana)

Tonifica las raíces de los nervios y el sistema simpático, proveyéndolos de abundante corriente sanguínea. Cura el lumbago y el reumatismo en la espalda. Mediante el masaje que reciben los músculos abdominales se eliminan los venenos producidos por el proceso digestivo.

10. Postura de la pinza vertical (Pada hastasana)

Esta asana estira y tonifica los músculos y tendones de las piernas y devuelve la elasticidad a toda la columna vertebral. Favorece la irrigación sanguínea del cerebro ayudando a calmar la depresión mental y aportando paz. Alivia los dolores de estómago y gástricos durante la menstruación y elimina el tejido adiposo del abdomen ayudándonos a conseguir una figura más estilizada.

11. Postura del triángulo (Trikonasana)

La postura del triángulo tonifica los nervios espinales y los órganos abdominales, incrementa el peristaltismo de los intestinos y aumenta el apetito. El cuerpo se torna ligero y la espina dorsal se flexibiliza. Masajea el hígado y evita los dolores de espalda.

12. La postura del cadáver (Savasana)

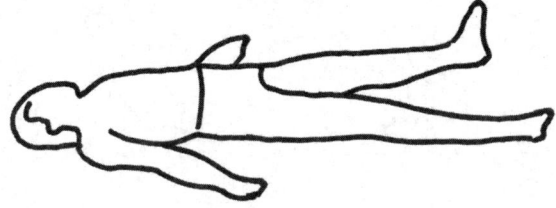

Es la postura clásica de relajación, es la experiencia de la quietud del cuerpo. Puede parecer una postura simple, pero para muchos profesores de yoga es la más complicada, debido a que hemos de mantener la mente presente en el cuerpo, concentrada en las sensaciones corporales. Se debe practicar al final de las otras asanas, para que el cuerpo asimile los beneficios de las posturas anteriores.

Una vez que hemos llegado al estado de relajación profunda no dejamos que la mente vague, sino que mantenemos la atención en las sensaciones corporales. Después de diez o quince minutos de relajación profunda la mente se aclara y se calma. Así combatimos los estados de ansiedad, agitación emocional, irritación, tensión, nerviosismo o depresión. Pero no es necesario padecer estos síntomas para obtener muchos beneficios y recuperar la energía y la vitalidad que nos aportan las posturas.

Sesión básica de yoga según orden de explicación:

El saludo al sol

Está considerado uno de los ejercicios de yoga más completos que existen. En las clases de yoga se emplea como precalentamiento para preparar la concentración y la elasticidad, pero también es una práctica completa en sí misma. La combinación de las principales asanas con la respiración consciente lo hacen un ejercicio muy eficaz como preparación del cuerpo y la mente para otras posturas, para la meditación o para emprender las actividades diarias.

10 movimientos conscientes (Thich Nhat Hanh)

> La diferencia entre un centenario sano y otro que está en cama no es la edad, sino los hábitos de comida y bebida que se acumularon. Que una persona esté sana o no depende de lo que come y de cómo vive a diario. Lo que determina el estado de salud de alguien es la acumulación diaria de cosas como la comida, el ejercicio, el agua, el sueño, el trabajo y el estrés.
>
> HIROMI SHINYA. *La enzima prodigiosa*

Esta serie de diez movimientos conscientes fue desarrollada por Thich Nhat Hanh y es practicada cada día en Plum Village, el centro de retiros que él fundó junto a la comunidad de monjes y monjas que allí residen. Estos ejercicios fueron diseñados como estiramientos entre las sesiones de meditación, pero pronto se hicieron muy populares y ahora forman parte integral de los retiros que allí se conducen. Se basan en movimientos de yoga y taichí y son tan sencillos que los pueden practicar gente de todas las edades con resultados muy efectivos para reducir el estrés físico y mental. Se pueden realizar en casa o en el exterior, solo o con otras personas. Lo principal de esta serie de ejercicios conscientes es, como indica el propio Thich Nhat Hanh, disfrutar de los movimientos estando presente en ellos. Inspiramos y somos conscientes de la inspiración mientras nos movemos, espiramos y somos conscientes de la espiración mientras continuamos el movimiento. Se repite cada uno cuatro veces, y no olvidamos que lo más importante es disfrutar del movimiento y de la respiración mientras los hacemos. Teniendo unos ejercicios tan sencillos no hay excusa para no moverse.

Empieza apoyando los pies firmemente en el suelo, con las rodillas un poco dobladas y sin tensión. Ponte en posición erguida y relajada, respira atentamente unas cuantas veces. Sonríe y disfruta del simple hecho de estar de pie.

Movimiento consciente 1

Separa un poco los pies y deja los brazos sueltos a ambos lados del cuerpo. Extiende ambos brazos con las palmas hacia abajo hasta la altura de los hombros hasta alcanzar la horizontal mientras inspiras; luego bájalos mientras espiras. Repite el movimiento 3 veces más.

Movimiento consciente 2

Alza ambos brazos con las palmas mirándose la una a la otra por encima de la cabeza como si quisieras tocar el cielo mientras inspiras. Espira bajando los brazos lentamente. Repite el movimiento 3 veces más.

Movimiento consciente 3

El loto que se abre. Levanta los brazos por ambos lados con las palmas hacia arriba hasta llegar a la altura de los hombros. Pon la punta de los dedos sobre los hombros. Inspira abriendo los brazos hacia los lados, abriendo tu caja torácica como si fueras una flor que se abre con el sol del mediodía; espira mientras llevas de nuevo los dedos sobre los hombros como si la flor volviera a cerrarse. Repite este movimiento 3 veces más.

Movimiento consciente 4

Este ejercicio trata de hace un gran círculo con los brazos. Inspira y une las palmas de las manos mientras las levantas frente a ti. Imagina que tienes pinceles en las manos y que pintas grandes círculos laterales. Haz los círculos primero en un sentido, luego en el otro con los brazos bien estirados. Inspira cuando eleves los brazos, espira al bajarlos.

Movimiento consciente 5

Separa las piernas hasta que los pies queden en la vertical de los hombros y coloca las manos en la cintura. Gira el tronco haciendo un círculo primero hacia un lado y luego hacia el otro. Nota cómo se va estirando el cuerpo, siente cómo cambia el peso de una pierna a otra. Inspira al hacer el medio giro por atrás, espira al hacer el medio giro por delante.

Movimiento consciente 6

Tocando el cielo y la tierra. Permanece de pie con los pies aproximadamente en la vertical de los extremos de las caderas. Inspira y levanta los brazos frente a ti hasta llegar a la vertical, con las palmas hacia adelante. Estira todo lo que puedas los brazos como si quisieras tocar el cielo. Luego espira, y doblando el cuerpo por la cintura, baja los brazos hasta tocar el suelo. Libera toda la tensión del cuello, inspira, partiendo de esa postura, irguiendo la espalda al levantarte con la intención de volver a tocar el cielo. Repite el movimiento 3 veces más.

Movimiento consciente 7

Este ejercicio se llama la rana. Junta los talones y pon los pies en V. Con las manos en la cintura, ponte de puntillas y, sin bajar los talones, intenta doblar las rodillas. Sube de nuevo y sin bajar los talones vuelve a doblar las rodillas. La espalda debe permanecer recta y sin tensión. Cada cual bajará según su capacidad, pero es importante que la espalda esté derecha. Espira al bajar, inspira al subir. Repite el ejercicio 3 veces más.

Movimiento consciente 8

Empieza con los pies juntos y las manos en la cintura. Eleva una rodilla lo más posible manteniéndote firme sobre el otro pie. Extiende el pie hacia adelante como si señalaras hacia algo con los dedos del pie. Vuelve a elevar la rodilla y baja el pie hasta el suelo. Repite el movimiento con la otra pierna. Inspira al elevar, espira al estirar. Repite esta secuencia 3 veces más.

Movimiento consciente 9

En este ejercicio hacemos círculos con las piernas de forma alterna. Junta los pies y apoya las manos en la cintura. Descarga el peso sobre tu pierna izquierda e inspira, al tiempo que levantas la pierna derecha extendida frente a ti describiendo con ella un circulo mientras expiras, llevando la pierna hacia atrás hasta que la punta del pie toque el suelo. Inspira levantando la pierna por detrás y describe un círculo en el sentido contrario. Inspira en la primera mitad del círculo, espira en la segunda mitad. Haz primero varios círculos con una pierna, luego cambia a la otra pierna. Repite esta serie 3 veces más

Movimiento consciente 10

Este ejercicio se realiza en la «postura de estocada» de la esgrima. Separa las piernas de modo que queden ligeramente más abiertas que el espacio que separa los hombros. Da un paso amplio hacia un costado, cuidando que el pie que avanza mire hacia delante y que el pie de atrás esté orientado en un ángulo de 45º hacia delante. Dobla la rodilla extendiendo el brazo del mismo lado con la palma hacia adelante y estirada hacia el cielo. Retrocede a la posición inicial. Inspira al extender, espira al recoger. En este ejercicio se estira todo el costado. Realízalo 3 veces más. Cambia de pierna y repite el movimiento sobre ella 3 veces más. Acaba juntando los pies de nuevo.

Finaliza los diez movimientos conscientes manteniendo el peso repartido entre ambas piernas. Siente la relajación que te ha quedado después del ejercicio, sonríe y disfruta de la respiración.

Caminar conscientemente o *mindful walking*

La práctica de caminar conscientemente es una de las que más disfruto, cuando camino conscientemente sucede algo extraordinario, experimento lo que significa no tener que llegar a ningún lugar, encontrarme ya en el lugar adecuado. Siento, con cada paso que doy, que he llegado a casa. Al dar un paso consciente repaso mentalmente las palabras de Thich Nhat Hanh: «Camino y siento que estoy en casa», al dar otro repito: «Camino y sonrío». Esto me produce una calma instantánea porque frena de un golpe la carrera de la mente que se inicia al empezar el día y que nunca se detiene. Para realizar esta práctica de movimiento consciente seguiremos los siguientes pasos:

- Ponte en una postura erguida, separa los pies en línea con las caderas y siéntelos enraizados al suelo. Siéntete conectado a la tierra, balancéate hacia delante y hacia atrás para notar esta conexión y sentir dónde estás.
- Asimila el área por el que vas a caminar, mantén los ojos abiertos mirando hacia adelante, no hacia abajo.
- Levanta lentamente el pie derecho del suelo, nota cómo el talón se separa del suelo y cómo el peso se va desplazando a la pierna y el pie izquierdos. Levanta el talón derecho y observa cómo va bajando lenta y suavemente hacia adelante.
- Mientras el pie desciende, observa cómo el talón izquierdo empieza a elevarse del suelo y cómo el peso se desplaza de nuevo hacia la pierna derecha.
- Puedes imaginar al caminar tan lentamente que estás dejando huellas en el suelo, como si caminases por la arena de una playa, o bien, como dice el monje vietnamita Thich Nhat Hanh, «Imagina que cada vez que pones un pie en el suelo es como si besaras la tierra». Caminar así transforma nuestra energía y también la de la madre tierra, aportando paz.
- Da unos diez pasos en una dirección y tómate un tiempo

para dar la vuelta notando cómo tus caderas giran muy gradualmente.
- Con cada paso que das te sientes más y más enraizado a la tierra; más seguro y acogido. Intenta mantenerte curioso y abierto como un niño.
- Puedes también decirte mentalmente mientras notas el movimiento: «Elevar, desplazar y colocar», mientras realizas esos movimientos con el pie.
- Intenta también observar tu respiración mientras realizas los movimientos conscientes y acompasarla con los pasos: inspiras y elevas el pie, desplazas y al posar el pie de nuevo espiras.

Cantar

Quien canta su mal espanta.

MIGUEL DE CERVANTES

Aunque al cantar sólo movemos las cuerdas vocales, todo nuestro cuerpo vibra y se mueve siguiendo esa vibración que nos eleva en conciencia. Cantar es una de las formas más antiguas de expresión del ser humano, a lo largo de la historia nos ha servido para expresar emociones: alegría en momentos de confraternización, dolor en momentos duros como durante las guerras o la esclavitud, en eventos religiosos o mundanos... «Cantar eleva nuestra energía – afirma la profesora de canto peruana Adriana Mayo en una entrevista–, la voz es como una huella digital, es única y particular, una expresión única de nuestra personalidad». Encontrarla a través del canto nos puede ayudar a recuperar nuestra autoestima, permitiéndonos liberarnos de energías reprimidas y del estrés. Cada vez más médicos recomiendan cantar por sus efectos terapéuticos. Cantar puede ayudarnos a encontrar nuestra voz genuina, que forma parte de nuestro yo sagrado.

Cantar mantras

Cantar un mantra nos protege de los pensamientos negativos repetitivos. Los mantras son frases en sánscrito que se recitan de manera rítmica y repetitiva en voz alta o internamente y cuyos ritmo y sonido tienen un efecto en el plano inconsciente equilibrando los hemisferios cerebrales y reduciendo las energías negativas como el miedo. El mantra tiene un significado sagrado, pero es también utilizado por laicos por la multitud de beneficios que tiene. Por ejemplo, con la vibración del mantra el sistema endocrino activa las hormonas del bienestar y del buen humor. Además no necesitamos saber su significado para que el mantra tenga un efecto positivo en nosotros.

Beneficios de cantar un mantra

Hay estudios de la Universidad de Harvard que dicen que repetir un mantra de diez a veinte minutos al día nos permite mantener la calma durante todo el día, disminuyendo la tensión arterial y reduciendo el estrés y la ansiedad. La principal virtud del mantra es enfocar y sosegar la mente, su vibración nos protege contra los ciclos improductivos de pensamiento y acción. Es decir, la función principal de los mantras es liberarnos de la mente condicionada y elevar nuestra conciencia a un plano superior o espiritual.

Algunos mantras conocidos

Om

Para el hinduismo, *om* es el mantra primordial, el primer sonido del universo, el origen y el principio de todo. Al concentrarnos en el sonido, los pensamientos se van desvaneciendo y la mente va quedando clara y tranquila. Algunos estudios demuestran que el mantra om tiene un poderoso efecto directo sobre la glándula pituitaria, su vibración nos purifica a nivel mental y corporal, eliminando todas las capas del cuerpo hasta llegar a la más sutil. Dicen que este mantra nos lleva a la liberación. Para practicarlo no hace falta ninguna postura concreta, puede hacerse durante todo el día, pero es común hacerlo en la postura del buda sentado con las piernas flexionadas y la espalda erguida.

Om namah shivaya significa «El nombre de Shiva», Shiva es el Dios que destruye y transforma lo innecesario. Es uno de los muchos mantras que invocan nombres de divinidades.

Om mani padme hum significa «La joya del loto que reside dentro». El mantra de la compasión universal. Es uno de los más recitados del Tíbet, dicen que es un mantra que nos protege de la enfermedad y del dolor.

Tagata Om bekandse bekandse Maha bekandse bekandse Ramsa Samud Gate Soha es el mantra del buda de la medicina, se usa para curar todo tipo de enfermedades y obstáculos y para la consecución de proyectos.

Om Tare Tuttare Ture Soha es el mantra de Tara, el buda femenino. Simboliza la energía femenina liberada, la sabiduría activa, ágil y práctica. Tara es la gran liberadora, nos libera de todos los obstáculos internos y externos. Es de color verde y se visualiza penetrando en el corazón.

El canto de armónicos

Recientemente he descubierto el canto de armónicos y no puedo dejar de mencionarlo en este manual, pues como yo misma he podido comprobar, equilibran profundamente en una sola sesión el cuerpo y mente al escucharlos o cantarlos. Según Nestor Kornblum, cofundador y codirector de la Asociación Internacional de Terapia de Sonido y autor de *Canto de armónicos: Guía práctica*, estos cantos son una técnica antigua en la que el cantante produce dos o más sonidos simultáneamente con su voz. Los orígenes están envueltos en misterio, pero hoy en día se sabe que esta técnica y forma artística musical y espiritual se desarrolló en Mongolia, sur de Siberia y Asia Central, en Tíbet, y en Sudáfrica. En Occidente los armónicos fueron descubiertos por Pitágoras hace ya unos

2600 años. El famoso filósofo y matemático griego descubrió que todos los sonidos estaban compuestos de vibraciones o frecuencias múltiples, no sólo de una, como nuestros oídos generalmente perciben. Los armónicos son los colores del sonido. Al igual que la luz blanca está compuesta por todo el espectro de colores, la voz tiene diferentes componentes que pueden percibirse, éstos se llaman armónicos y son los que nos permiten diferenciar un sonido de otro.

Podemos producir armónicos con instrumentos de música, pero la voz humana es el instrumento musical más rico en armónicos, debido a que nuestra voz tiene más capacidad y precisión para ajustarse y afinarse que cualquier otro instrumento musical. El potente zumbido del cantante de armónicos se canaliza de diferente forma a como se canalizan los sonidos en las técnicas de canto normales. El cantante de armónicos convierte toda la parte superior de su cuerpo en una caja de resonancia vibrante. Utiliza el cráneo, los conductos nasales, la faringe, el pecho, el abdomen y el diafragma, así como todas las partes de la boca: lengua, labios, paladar, velo del paladar, glotis y epiglotis, mejillas y la mandíbula para producir un sonido claro, bello y aflautado. Nos explica Nestor Kornblum que cada uno de nosotros tenemos estos armónicos en nuestras propias voces todo el tiempo, sólo que están ocultos, como el arco iris tiene dentro la luz blanca. La invariable nota raíz desde la que arrancan los armónicos es el zumbido fundamental, un sonido curativo que induce a estados meditativos. Todos podemos aprender a cantar algunos armónicos en sólo unas cuantas horas, añade Kornblum, pero es necesario practicar un poco para poder escuchar los armónicos de uno mismo, y después, lentamente, aumentar su volumen.

Beneficios terapéuticos de los cantos armónicos

La mayoría de los seres humanos nos sentimos en un estado de «disonancia», vibrando fuera de la armonía con nuestro entorno, con las personas que nos rodean y con nosotros mismos. Ello nos lleva a sentir malestar y a padecer enfermedades. Esto ocurre cuando algunas partes de nuestro organismo vibran en una frecuencia diferente al resto del cuerpo o inarmónica, produciendo el mismo efecto que tendría en una orquesta un instrumento desafinado. El ruido y los altos niveles de decibelios a los que estamos expuestos en el mundo moderno, las emociones negativas, los sistemas de creencia negativos con que hemos sido programados, el alto contenido de tóxicos en la alimentación, en el agua y en todo tipo de productos son algunas razones por las que estamos «desafinados».

El canto de armónicos tiene el poder de aliviar esta falta de armonía en poco tiempo, sólo tienes que probar a escuchar algunos de los cantos que te recomiendo al final de este capítulo.

Aplicaciones terapéuticas de los cantos armónicos:

- Purifican el cuerpo físico, mental y energético, y nos conducen a un estado de silencio interior y de meditación profunda. Al cantarlos o escucharnos nos sentimos profundamente relajados, ligeros y revitalizados.
- Nos ayudan a equilibrar los dos hemisferios cerebrales: la lógica y la intuición.
- Nos conectan con el ser esencial dejando de lado a la mente intelectual y analítica.
- Mejoran nuestra salud física facilitando la recuperación de enfermedades.
- Profundizan el autoconocimiento de la propia voz y amplían la capacidad vocal y auditiva.

En definitiva, estos bellos cantos producen un evidente efecto sanador que reestructura nuestra energía física y mental, estimulando la producción de endorfinas y llevándonos a un estado de paz y alegría.

Te recomiendo escuchar toda la discografía del lama Gyurme, por ejemplo *The Lama's Chant* o *Rain of Blessings* o el álbum *Tibetan Master Chants* del lama Tashi, nominado en los Grammy como mejor álbum de música. Los lamas tibetanos al cantar sus mantras producen armónicos de extraordinaria belleza con un profundo efecto sanador. No dejes de aprovechar esta fuente de salud, relajación y energía.

Hábito 7: La meditación

> A medida que la meditación se hace más profunda, las compulsiones, los anhelos y los arrebatos emocionales empiezan a perder su poder y dejan de dictar nuestro comportamiento. Podemos ver claramente que hay otras opciones: podemos decir sí o podemos decir no.
>
> ECKNATH EASWARAN

La luz de la conciencia brilla cuando entramos en nuestro espacio y permanecemos en él centrados y calmados, respetándolo y no dejando entrar ahí a nuestros problemas; la mente puede ser nuestro peor enemigo. Es a través de la meditación como podemos domar nuestra mente indisciplinada y hacernos amigos de ella; por eso es muy necesaria como disciplina cotidiana. Es bueno tener un horario fijo al día para meditar, porque así evitaremos las excusas como «Ahora no tengo tiempo, ya meditaré más tarde», ya que de esta forma nunca llegaremos a meditar. Durante el día estamos demasiado ocupados y por la noche estamos demasiado cansados. Si pensamos «Ya meditaré mañana», esto luego no sucederá. Así que es preciso meter la meditación en nuestra rutina diaria, no importa si estamos cansados, enfermos, felices o tristes; estemos como estemos haremos nuestra meditación. Estés donde estés y hagas lo que hagas cierra tus ojos y haz tu meditación a la hora indicada. La meditación es un entrenamiento para aprender a vivir más conscientemente. La felicidad que llega tras la meditación es quizás más costosa al principio, pero es más duradera y auténtica y nos evita vivir a remolque de los impulsos del inconsciente. Nuestra tarea durante la meditación es poner nuestra atención consciente en nuestra respiración, sensaciones corporales, pensamientos y emociones evitando hacer juicios sobre lo que se observa, reconociendo solamente cómo son las cosas ahora mismo. Si nos fijamos bien, pensamientos, emociones, objetos y circunstancias se mueven todo el tiempo dentro del espacio de la conciencia. Lo único que no cambia es el observador; por lo que es la parte de nosotros más estable y confiable. La meditación formal nos sirve para ponernos en contacto con aquello que no cambia para separar la conciencia de las proyecciones mentales. Con la meditación aprendemos a ver la diferencia entre lo que cambia y lo que no, a ser conscientes de lo que es real y lo que no. Pero, a pesar de ser tan sencillo, el hábito de meditar formalmente se nos resiste porque en el fondo nos resistimos a la vida, en palabras de Pablo d´Ors en su *Biografía del silencio*, «Todavía no sabía que la resistencia a la práctica es la misma que la resistencia a la vida». La mente no es sólo ilusión, sino también resistencia a lo que es, cuando nos rendimos a la vida nuestra práctica de meditación se vuelve también más natural y fluida. La meditación es una forma de rendición a la vida tal y como es, una aceptación total, un descansar profundo en lo que somos, una apertura a lo que es, una forma de conocernos en profundidad. A medida que vamos avanzando en la práctica vamos percibiendo el ser que somos: misterioso, profundo, tranquilo, pleno e infinito en contraste con la cualidad superficial e ilusoria de nuestra mente pensante.

La meditación sentada (ejercicio de meditación *mindfulness*)

Esta meditación *mindfulness* tiene que tener una duración de entre 40 y 45 minutos.

- Empieza dándote cuenta de que meditar es un acto precioso de dedicación a ti mismo, es decir un acto de amor. En esta meditación nuestra tarea va a ser la de *permitir que emerja todo lo que hay en nuestro interior con una actitud de curiosidad y aceptación*, sin entrar en juicios ni análisis.

- *Dirige en primer lugar la atención a la respiración*, respira de forma natural y sin forzar nada; solamente observa tu respiración. Sé consciente de la entrada de aire al inspirar y de la salida del aire al espirar. Centra la atención en el punto en el que notes más el aire entrando y saliendo, suele ser las fosas nasales, pero también podría ser el abdomen. Siente el roce del aire en las fosas nasales o la expansión y contracción del abdomen. Observa si tu respiración es superficial o profunda, lenta o rápida. Haz esto durante unos *cinco minutos*.
- Retira suavemente *la conciencia* de la respiración y dirígela hacia tus *sensaciones corporales*. Reconoce cómo van cambiando las sensaciones de momento a momento; deja que todo sea como es, no juzgues nada. Identifica las zonas que están en tensión y si es posible relájalas; si no, déjalas estar, pero sigue observándolas detenidamente para que, en ese espacio de observación, puedan transformarse. Recorre tu cuerpo de los pies a la cabeza o al revés, parte por parte constatando cómo se siente. Realiza esto durante unos *quince minutos*.
- Pon ahora tu *atención en la escucha*, observa los sonidos del exterior y los que vienen de ti mismo. No los rechaces ni los busques, sólo observa lo que hay. Sé consciente de su duración y de su textura, de cuándo empiezan y cuándo acaban. Reconoce la multitud de sonidos que recorren tu conciencia de instante en instante. Haz esto durante unos *diez minutos*.
- Deja ahora de lado los sonidos y *percátate de los pensamientos y emociones* que desfilan por tu conciencia, como si se tratase de nubes que circulan por el cielo. Observa tus emociones como si del tiempo meteorológico se tratara, míralas tal cual son, sin querer que sean distintas. Observa la natu-

raleza cambiante de tus emociones. Date cuenta de cómo emergen, cómo van cambiando de textura y cómo desaparecen. No persigas ni rechaces ningún pensamiento, observa y reconoce todo desde una distancia desapasionada sabiendo que acabarán desvaneciéndose. Si alguno de ellos te atrapa, reconócelo y regresa a la conciencia de la respiración, luego sigue observando tus pensamientos. Haz esto durante unos *diez minutos*.

- Ahora observa de forma abierta cualquier cosa que aparezca en tu conciencia en este momento: *sonidos, sensaciones corporales, pensamientos o emociones*. Observa lo que más destaque y descansa en ese estado de apertura, como si estuvieses observando un río desde su orilla. Haz esto durante *cinco minutos*.

- Por último *date las gracias por haberte dedicado este tiempo para cuidarte y recargarte de energía,* para ir a tus fuentes de fortaleza y salud. Este descanso y dedicación es un acto de amor.

El alma

> El que quisiere tener salud en el cuerpo,
> procure tenerla en el alma.
>
> FRANCISCO DE QUEVEDO

Los hábitos que tienen que ver más puramente con la esencia del alma son los que refinan la calidad de nuestra persona: saber estar en los silencios, dar un paso atrás para escuchar conscientemente, honrar este momento, sentir gratitud o ver el lado bueno de las cosas nos hace más luminosos y abiertos a la vida y a los demás.

Hábito 8: El silencio

> Manejar el silencio es más difícil que manejar la palabra.
>
> GEORGE CLEMENCEAU

Tras una conferencia, una religiosa se dirigió a mí y me dijo: «Todo lo que nos pasa es que no sabemos estar en silencio. No enseñamos a los niños el valor del silencio».

Cuánta razón, pensé, y cuántos valores importantes hay que no aprendemos en la escuela: nos enseñan a ser competitivos, pero no nos enseñan a ser auténticos, por ejemplo; lo primero no nos hace necesariamente más felices, sin embargo, lo segundo definitivamente sí. Nos enseñan a ganar dinero, pero no nos enseñan el valor que tiene el tiempo que perdemos ganándolo ni nos enseñan a saber aprovecharlo y gestionarlo con hábitos como la atención plena; vivir con una mente atenta nos da mucho más que el dinero. Nos enseñan a ser exitosos, pero no el valor de vivir con paz interior. Nos enseñan a perseguir objetivos, pero no a disfrutarlos una vez conseguidos. Nos enseñan a tener más, pero no a valorar lo que tenemos... En cuanto a las palabras, lo que quería decir la persona que me hizo el comentario es que aun las más positivas tienen un valor relativo comparado con el silencio. En las palabras sólo se encuentra el eco de la verdad que está contenida en el silencio, que es el lenguaje que habla el alma. Si nos enseñasen el valor del silencio, empezaríamos a conocernos de verdad, a saber que la existencia tiene otra dimensión más profunda que está más cerca de nuestro verdadero rostro. La escuela nos enseña que *ser alguien* es importante, que hemos de convertirnos en *alguien de valor*. Sin embargo, en el silencio aprendemos que por derecho de nacimiento ya somos alguien de valor. No necesitamos tener un trabajo importante ni tener una buena reputación, ni siquiera tener habilidades. Quienquiera que se adentre en el silencio averiguará que tiene valor sólo por ser; saber estar en él puede ser el mayor éxito y la mayor felicidad de nuestra vida. Aprender a estar en silencio, a escucharlo, debe ser un hábito importante en nuestra vida. A él podemos hacerle todas las preguntas, porque él contiene todas las respuestas. Si algún hábito es pura luz es éste.

Cómo el silencio puede transformar tu vida

El silencio es una fuente de gran fuerza.

Lao Tse

Estamos tan acostumbrados al ruido que escoger el silencio es un hábito que puede costarnos adquirir. Vivimos con miles de ruidos ambientales, hablamos a voces muchas veces cuando no es necesario y sin ser conscientes de ello. Nuestro discurso, impulsado por la inconsciencia, está lleno del ruido del ego. Pero a pesar de la dificultad que supone escoger el silencio, si lo hacemos comprobaremos que éste nos da unos frutos muy dulces.

Los frutos del silencio

El escritor y entrenador personal de *mindfulness* Samuel Gentoku McCree escribió una lista de veinte beneficios del silencio, aquellos que aprendió a reconocer en sus tantos retiros. Me he apoyado en la lista que Gentoku McCree ha elaborado para reescribirlos de nuevo.

El silencio nos enseña a:

1. *Estar satisfechos con menos.* Al estar en silencio descubrimos que lo que realmente nos da satisfacción son cosas muy simples y que muchas cosas que consideramos imprescindibles no lo son tanto. El silencio nos enseña a ver nuestras necesidades superfluas y a ser felices con menos. Ver la televisión o conectarnos a Internet al llegar a casa son cosas de las que podemos prescindir. En su lugar, podemos aprender del silencio que la satisfacción profunda está en el encuentro con uno mismo. Escoge algo que sea para ti más un peso que una necesidad real y prueba a despréndete de ello y ver cómo te sientes después.

2. *Hablar con conciencia.* Cuando hablamos mucho y sin poner atención perdemos nuestra fuerza personal. Criticamos a alguien sin pensar en el daño que podemos hacer, difundiendo un rumor no contrastado o hablando para realzar nuestra importancia personal. El silencio nos reeduca en la forma correcta de hablar: con la intención de ayudar a alguien a sentirse mejor y sólo cuando sea necesario decir algo, dejando de hablar por hablar. Solemos hablar mucho para decir poco, sin embargo, el *Dhammapada,* libro de sabiduría budista, dice que un par de palabras con conciencia tienen mucho más poder que mil palabras sin sentido. Piensa en algo simple que puedas decir a alguien para servirle de ayuda, díselo y comprueba cómo te sientes después.

3. *Expresar aprecio.* Cuando escuchamos a alguien de manera profunda desde el silencio estamos utilizando una forma muy bonita de aprecio. La mayor parte del tiempo hacemos ver que escuchamos al otro, pero en realidad estamos esperando para contar nuestra historia, no nos interesa real-

mente lo que la otra persona nos está contando. La próxima vez que te encuentres con alguien intenta escucharle de verdad, olvídate de ti mismo, de explicar tu historia, tu punto de vista o tu consejo. Deja que por un momento sólo existan los demás, dales con tu silencio espacio para expresarse. Esta escucha silenciosa les está diciendo que los aprecias profundamente, tu compasión les ayudará a descargar su corazón y sentirse aliviados. La próxima vez que te encuentres con alguien intenta realmente escucharle y observa cómo te sientes después.

4. *Prestar atención.* La vida actual tiene muchas formas de dividir nuestra atención. La más importante fuente de distracción es el teléfono móvil, que hemos convertido en algo totalmente imprescindible. Tenemos que ser al menos un poco conscientes de la forma en que el móvil, con sus múltiples aplicaciones, divide nuestra atención y la forma en que tener la atención dividida nos quita la paz. Prueba a dejar el móvil totalmente a un lado cuando estés con otra persona, te será más fácil prestarle atención. En el silencio te resulta mucho más fácil prestarle atención a las cosas.

5. *Pensar mejor.* Cuando estamos en silencio podemos ver mejor qué tipo de pensamientos tenemos y la cantidad de pensamientos inútiles por minuto que tenemos. Muchos de ellos hablan en contra de nosotros y nos restan fuerza y optimismo. El silencio nos ayuda a deshacernos de aquellos que no nos hacen ningún bien. Tómate un tiempo cada día para percibir tus pensamientos y descartar aquellos que no son buenos para ti.

6. *Apreciar la naturaleza.* Hoy en día sufrimos lo que se ha dado ya en llamar el síndrome de «déficit de naturaleza». Antiguamente las personas vivían más unidas a la naturaleza y conocían sus significados. Vivir en las ciudades nos desconecta de ese saber. Al salir al bosque, a la montaña

o al mar podemos apreciar que la naturaleza esconde una gran sabiduría y una paz de la que puedes formar parte si conectas con ella. Dice Eckhart Tolle que la naturaleza nos enseña a ser; entrar en sus silencios puede revelar las respuestas a muchas de nuestras preguntas.

7. *Estar presentes en el cuerpo.* Al perdernos en un pensamiento perdemos también la conciencia de nuestro cuerpo físico. Sin embargo, cuando prestamos atención a nuestro cuerpo el río de los pensamientos se calma. El silencio nos enseña a estar más presentes en nuestro cuerpo, de esta forma la mente también se calma. Prueba a concentrarte en sentir las sensaciones que te produce alguna parte de tu cuerpo, como una mano, un pie, etc., y observa cómo de esta forma tus pensamientos y emociones se van aquietando y tú también te vas tranquilizando.

8. *Reducir la sobreestimulación.* Cuando pasamos un tiempo en silencio, el exceso de ruidos y la velocidad nos molestan más; tenemos más sensibilidad para captar cualquier estímulo. En la actualidad, nuestros sentidos están constantemente procesando información, lo cual nos agota física y mentalmente. Con el silencio aprendemos a saborear los espacios de vida en los que no hay estímulos, en los que no hacemos ni oímos nada; aprendemos que en ellos reside una felicidad sencilla. Disfrutar cada día de un tiempo de silencio nos enseña a necesitar mucho menos para ser felices. Prueba a disfrutar de algún espacio al día completamente desprovisto de estímulos y observa cómo te sientes después.

9. *Apreciar los sonidos.* En silencio podemos oír y apreciar otro tipo de sonidos, aquellos que normalmente tapa el ruido. Cualquier sonido de la naturaleza está lleno de matices: los sonidos del viento según el día o las estaciones, las diferentes aves en distintos momentos del día, las pisadas en las

distintas superficies del bosque o de cualquier otro lugar, la intensidad de las olas del mar, del agua de un río o de una cascada, los animales en libertad y un sinfín de pequeños matices que se te revelarán cuando te pares a escuchar el silencio. Siéntate ahora allá donde estés y te sorprenderá escuchar la cantidad de sonidos que hay debajo del ruido.

10. *Ver lo bueno de las personas.* Cuando estamos dirigidos por los procesos inconscientes del ego nos encontramos en la acción-reacción; el ego tiende a ver el ego de las otras personas y así se nos pasan por alto las cosas buenas que tienen los demás. Cuando miramos sin suponer ni proyectar podemos apreciar el lado bueno de las personas. La mayoría de la gente a lo largo del día lo hace lo mejor que puede; a pesar de que somos humanos y también nos equivocamos, hacemos muchas cosas dignas de mencionar y admirar. Descubrir este lado entrañable de las personas es otro regalo que recibimos al observar desde el silencio. Prueba a mirar a la gente por un día sin hacer suposiciones, sin juzgarlas. Cuando no hay juicios es cuando podemos verdaderamente amar a los demás.

11. *Dar espacio a los problemas.* Cuando evitamos los problemas intentando negarlos o distraernos con otras cosas, éstos tienden a hacerse más grandes. El silencio nos enseña a enfrentarnos a las dificultades. Con el silencio damos espacio a los problemas, cada uno que surge es bienvenido y afrontado. A veces el espacio es suficiente para que se disuelvan por sí mismos. Prueba a aligerar tu vida dando espacio a tus problemas con tus silencios, comprueba la eficacia de este sencillo método.

12. *Amar.* El amor es algo mucho más sencillo que el sentimiento grandioso de estar enamorado. El silencio nos enseña a apreciar otro tipo de amor, el que podemos sentir por cualquier persona, cosa o momento; una felicidad cotidia-

na muy semejante a la alegría, a la paz o a la libertad. Este amor se aprende cuando nos aliamos con el silencio. Piensa en alguien a quien te gustaría expresarle tu aprecio y hazlo, observa el resultado.

13. *Tener coraje*. El verdadero coraje, nos dice Samuel Gentoku, es enfrentarse a uno mismo. Cuando nos sentamos en silencio, todo aquello de lo que huimos nos alcanza. Hace falta coraje para enfrentarnos con todo lo inconsciente que estábamos reprimiendo o intentando esconder o negar. La próxima vez que tengas una crisis y sientas miedo, dolor, etc., sé valiente y simplemente deja que pase afrontándolo con quietud, silencio y observación. El que se conquista a sí mismo conquista el mundo entero.

14. *Ser paciente y perseverante*. Hablar es mucho más fácil que quedarse callado. Es mucho más fácil replicarle a alguien que te increpa que quedarse en silencio y actuar de la forma correcta cuando toque. El silencio te enseña a esperar el momento correcto para hablar o para actuar.

15. *Tener fe*. Al hablar con las personas siempre intentamos que nos hagan saber su opinión sobre nosotros y sobre nuestra forma de actuar. Cuando no lo hacemos y elegimos en su lugar el silencio, tendremos que aprender a confiar en nuestro propio criterio para saber si estamos obrando correctamente. Aprender el silencio nos enseña también a confiar en nosotros mismos, en nuestro instinto, a tener fe en nuestras capacidades. La próxima vez que necesites aprobación prueba a obtenerla de ti mismo, entra en tu silencio a ver si te funciona.

16. *Honestidad*. A veces mentimos para no tener que dar explicaciones sobre nuestras acciones o motivaciones. Pero las pequeñas mentiras se acumulan y pueden crear un karma inmenso. El silencio nos enseña que decir la verdad es ser auténticos. No podemos tener integridad si no somos au-

ténticos, si no eres honesto no podrás confiar en ti mismo ni en los demás. El silencio te enseña a darte cuenta de la importancia de decir la verdad. La próxima vez que sientas el impulso de mentir prueba a decir la verdad y observa cómo te sientes.
17. *Gratitud.* Desde el silencio te será mucho más fácil ver los muchos motivos por los cuales puedes estar agradecido en el día a día. En infinitud de detalles podemos advertir las acciones de los demás sin las cuales nuestra vida carecería de confort y abundancia. El silencio nos ayuda a ver estas pequeñas-grandes cosas, a ser más agradecidos con todo. Prueba hoy a silenciarte y comprobar los motivos que hay en tu vida para estar agradecido.
18. *Simplicidad.* El silencio es sencillez y nos ayuda a amar la vida sencilla y a desembarazarnos de la complejidad de nuestra mente. Los espacios despejados y la simplicidad van de la mano de la alegría. La ausencia de palabras nos aleja de los dramas mentales y nos da un sentimiento de satisfacción interna. Prueba a simplificar algún espacio externo de tu vida y observa cómo te sientes después internamente.
19. *Conexión.* A veces pensamos que tenemos que hablar para conectarnos con la gente, pero esto no es así, e incluso puede ser justo lo contrario, las palabras pueden a veces dificultar la comunicación. El silencio puede ser una forma de sentirnos conectados a alguien, juntamente con la risa, es seguramente la forma más profunda de conexión que existe entre dos personas. Prueba a estar presente para alguien sin tener que usar las palabras y observa los efectos que esto tiene en la otra persona.
20. *Verdad.* Una vez escribí un texto al que llamé *La verdad es toda silencio*. No existe verdad en las palabras más que de forma relativa, si verdaderamente queremos aprender sobre la verdad de las cosas, hemos de entrar en el silencio, el

único lugar donde las verdades eternas nos serán reveladas. Prueba a silenciarte para escuchar la respuesta a alguna de tus preguntas y comprueba si hay en el silencio una respuesta para ti.

Abriendo espacios de silencio

Ante las aguas que pasan por mí en silencio, llevando hojas y ramas, dando vueltas y realizando dibujos en su superficie, descubro que estoy viendo un río por primera vez en mi vida. Lo que ya conocía era algo que se aprende en los libros, que tiene un nombre del que se habla con respeto o indiferencia, un paisaje que, de tanto verlo, ya no se entiende. Lo que ahora descubro es un milagro sin nombre, un camino vivo y amoroso donde descanso los ojos y baño mi corazón.

Luiz Carlos Lisboa, El sonido del silencio

Una persona *espiritual* es simplemente alguien que ha logrado abrir un hueco en su vida por el cual se cuela su energía más genuina. La dimensión *espiritual* está escondida dentro de nuestra vida cotidiana, pero es posible tocarla abriendo espacios de silencio. Respirando, comiendo, barriendo, cocinando o bailando por el placer de sentirnos vivos mientras lo hacemos. Dejando que el *hacer* o la consecución de objetivos no nos lleven fuera del momento presente; no buscando nuestra felicidad en otros momentos, dejando espacios en nuestra vida para simplemente ser, mirar, escuchar, tocar o sentir sin permitir que la voz en nuestra cabeza nos diga lo que eso significa o si eso le gusta o no... También podemos sentir nuestra dimensión más profunda cuando escuchamos la voz del corazón antes que dejarnos nublar por un velo de pensamientos, cuando damos un paso atrás, cuando escuchamos atentamente antes de hablar, cuando percibimos las cosas sin contarnos una historia cada vez que lo hacemos, cuando miramos sin juzgar lo que vemos y sobre todo cuando nos sentimos parte del todo. Siempre estamos en aquello que vemos; podemos comprobarlo fácilmente porque si nosotros cambiamos, todo cambia. Así, suspender los juicios es dejar de luchar, aceptando que somos todo lo que vemos; esto, sin más esfuerzo, transforma toda nuestra realidad. Sin juicios miramos el mar o el cielo como si fuese la primera vez que los vemos; lo que puede convertirse en una experiencia que, sin duda, ya no olvidaremos.

Escuchar desde el silencio

La sustancia de la iluminación es la atención plena.

THICH NHAT HANH, *Estás aquí*

La escucha es un hábito que podemos cultivar, un arte que nos hace mejores seres humanos. Para aprender a escuchar es esencial aprender a escucharnos a nosotros mismos, nos dice Thich Nhat Hanh en su libro *Estás aquí*. La clave para poder amar, escuchar y entender compasivamente a otro ser humano es habernos podido escuchar, entender y amar a nosotros mismos. Se necesita ser compasivo con uno mismo, saber escuchar nuestro propio dolor con compasión, sin ella, nos dice Thich Nhat Hanh, no deberíamos siquiera intentar escuchar a otros. Escuchar con presencia es escuchar con el solo propósito de aliviar el sufrimiento de otro ser humano. Para ello no tenemos que juzgarlo, criticarlo ni valorarlo. No importa si esa persona nos está diciendo cosas que no nos agradan, con compasión sabremos que lo hace porque está sufriendo y no nos afectarán sus palabras negativas. Con compasión, nos dice Thich Nhat Hanh, estamos inmunizados contra el sufrimiento y no tendremos necesidad de ser escuchados o entendidos, ni necesitaremos explicar nuestra historia o dar nuestro punto de vista. La compasión nos hace sentir plenos y nos permite sumergirnos intensamente en la historia del que nos habla exclusivamente para hacer que se sienta mejor. Para desarrollar esta escucha compasiva, en primer lugar tenemos que comprender su situación, el amor está hecho de comprensión, nos dice Thich Nhat Hahn. Para entender por qué alguien actúa de una determinada manera tenemos que escucharle de verdad. Quizás tenga tras de sí una triste historia y su corazón esté lleno de dolor. Escuchar desde nuestro propio silencio nos adentra en la experiencia del otro y nos aleja de nuestros problemas. Le escuchamos con los cinco sentidos para captar no sólo lo que dicen sus palabras, sino también su actitud, sus gestos, su expresión, su entonación o su mirada. Mostramos interés, curiosidad y empatía y centramos nuestra atención en el mensaje que quiere transmitirnos. Permanecemos tranquilos y callados. Somos muy cuidadosos en no reaccionar, enjuiciar, interrumpir, cambiar de tema o desviar la conversación, dar nuestro punto de vista u opinión, aprovechar para contar algo similar que nos sucedió a nosotros o para sermonear o aleccionar. Simplemente callamos. Como resultado, la persona se siente escuchada y valorada y esto alivia su dolor. El mundo está lleno de gente que necesita ser escuchada desde nuestro silencio compasivo. Escuchar con el corazón arroja luz sobre todos los implicados, aligera y alegra tanto al que escucha como al que es escuchado, qué mejor hábito a adaptar que éste. La única razón que puede llevarnos a no aprovechar este regalo es el desconocimiento de sus beneficios. Prueba a escuchar desde tu silencio y siente la luz expandirse en tu interior y a tu alrededor.

Dar un paso atrás

Todo es fascinante si lo miras como un niño, ¡imposible aburrirte en este mundo!

IKER JIMÉNEZ, *periodista del misterio*

A nuestra mente le gusta hacer cosas, esforzarse, dirigir, controlar..., pero no debemos permitir que esa función nos desequilibre. A veces es más interesante dar un paso atrás que seguir intentándolo. Lo cierto es que intentar controlar no sirve de mucho, pues en verdad el control es una pura ilusión, nunca tuvimos el control de nada. El verdadero poder surge de ir permitiendo que cada cosa sea lo que es. Para controlar hay que dejar de controlar, es decir, dar un paso atrás para permitir que los mejores resultados se den por sí mismos. Tenemos que aprender la habilidad de permitir y de confiar en la inteligencia superior. Permitir y confiar es más elevado y efectivo que controlar y dirigir. Esto no quiere decir que no emprendamos acciones, sino que es importante mantener el equilibrio entre emprender y permitir; dar espacio a ambas cosas. Emprender y después permitir que las cosas sean tal y como son, confiando en que todos los resultados tienen su propósito. Es decir, obrar en el siguiente orden:

1. Hacer
2. Permitir
3. Confiar

Intentar controlar todo el tiempo es agotador y es una muestra de que nos dirige la mente y el miedo a dejar que las cosas se desenvuelvan de forma natural. Da un paso atrás, deja que la vida sea, permite, confía. La confianza da paso a que las cosas salgan de la mejor forma posible.

Ser sin necesidad de ser nada

> La rendición es la simple pero profunda sabiduría de ceder en lugar de oponernos al flujo de la vida.
>
> Eckhart Tolle

Soy una persona caótica y despistada, lo reconozco. Sin embargo, siento que hay un orden dentro de mi desorden creativo. Como si alguien estuviera ordenando mis papeles. Siento que al fluir, aunque sea de forma caótica, todo se va ordenando solo. También tengo la sensación de que es la fe la que me acaba ordenando la vida, porque las cosas las hacemos nosotros y a la vez se hacen solas. La acción correcta, según el *Tao*, es esforzarse sin esforzarse, hacer sin hacer. Pienso que alcanzar ese equilibrio se logra con la fe. Con la creencia profunda de que todo está bien podemos dejarnos llevar totalmente, confiando, haciendo sin esperar nada concreto o esperando algo concreto pero aceptando cualquier resultado posible. Dentro del orden del universo somos sin necesidad de ser nada, de tener nada, de llegar a nada, de demostrar nada a nadie. Es importante indagar en esa cualidad de *ser*, pues conociéndonos conocemos al mundo. Si somos capaces de simplemente *ser* acabamos con el anhelo de *ser algo* o *alguien*. Ser es simplemente descansar en la energía interna que nos sostiene, sin *hacer* ni *desear* nada, al menos durante este momento. Cuando cesa el deseo de *ser algo* o de *tener algo* o *a alguien* nos completamos. Aprendamos a hacer las cosas por hacerlas, sin un objetivo concreto. Bailar, cantar, reír, comer, besar, sentir, pasear, acariciar, mirar... Sólo por el placer de hacerlo. Es siendo como nos damos cuenta de que ya somos. En cada paso, ser uno con lo que hacemos y disfrutar de la vida sin entrar en los dramas de la mente, dándonos cuenta de que somos sin necesidad de ser nada.

El descanso necesario

Cuando un animal resulta herido en el bosque, busca un lugar donde poder tenderse, y allí descansa durante muchos días. No se interesa por la comida ni por ninguna otra cosa. Sólo descansa y experimenta la curación que necesita. Cuando nosotros los humanos estamos demasiado estresados, quizás vamos a la farmacia y nos compramos unas pastillas, pero no cesamos en nuestras actividades.

Descansar es un requisito indispensable para la curación.

THICH NHAT HANH

Aunque sintamos que deberíamos descansar, las personas solemos tomar algo para seguir adelante. Sentirse cansado y poder descansar es en realidad todo un privilegio. Nuestro estilo de vida pone el énfasis en el *hacer*. No vemos ninguna razón por la cual pararnos a *ser*, primero porque esta vida está tan enfocada al *hacer para tener* que el término no se entiende bien, y segundo porque de entenderse se lo descartaría al momento por considerar que simplemente *ser* es totalmente improductivo. Pero el descanso no es nada improductivo sino todo lo contrario, el descanso es lo que nos devuelve la cordura, la frescura y la creatividad. Si no durmiésemos no podríamos vivir en condiciones mínimas de salud física y mental. Y entre todos los descansos, el más necesario es el de pensar, no hay necesidad de pensar todo el tiempo. Al menos, ya que no podemos evitarlo, no hay necesidad de ir tras cada pensamiento ni de luchar contra ellos. Podemos conquistar el espacio de luz entre dos pensamientos descansando del relato que nuestra mente hilvana día a día y que nos convierte en cada momento en quienes creemos ser. Cuando contactamos con la experiencia de *ser* y dejamos atrás la historia de quien creemos ser, nuestro cielo mental se despeja y las nubes dejan paso a un cielo azul en el que el sol brilla luminoso.

Hábito 9: Honrar este momento (Decir sí a este momento)

> Si seguís buscando sin cesar, es sólo porque vuestra confianza es inmadura. Os quitáis la cabeza y luego vais por ahí buscándola, y no podéis detener vuestra búsqueda.
>
> Maestro Linji

Buscar continuamente algo en el futuro es un hábito profundamente arraigado de la mente inconsciente. Sin embargo, el único lugar en el que podemos encontrarlo todo es aquí y ahora. La mente insatisfecha no está aquí y por eso se lo pierde todo. Ella anda buscando lo que ya tiene en un tiempo futuro que no existe ni existirá nunca. Pasamos la vida esperando algo que nos colme que llegará de ese lugar que no existe; sin embargo, aquello que podría llenarnos nos sonríe desde cerca y no sabemos verlo. Como dijo, John Lennon, «La vida es aquello que te va sucediendo mientras estás ocupado haciendo otros planes». Esta tendencia irresistible a mirar hacia otros prados donde la hierba, pensamos, será más verde y donde las condiciones serán más favorables para nuestra felicidad es un hábito y a la vez una trampa con la cual negamos la vida ahora. Pero por pura lógica, si el futuro no existe, la felicidad no puede estar ahí. Sacrificar el momento presente para buscar un tesoro en tierras de fantasía es un error. Porque, como dice el monje vietnamita Thich Nhat Hanh, «Sólo aquí y ahora podemos hacer las paces con la vida; respirando, caminando y haciendo las cosas de modo tal que nos sintamos vivos mientras las hacemos». Vivir de esta forma nos vuelve más ligeros, ya que es la forma en que la carga del pasado y del futuro se desprende. Sin embargo, elegimos vivir de forma inconsciente, añadiendo sufrimiento a nuestro sufrimiento. ¿Cómo disminuir entonces el sufrimiento en lugar de aumentarlo? Podemos empezar pensando que nada de lo que ha sucedido en nuestra vida puede definir lo que somos hoy, a menos que nosotros decidamos lo contrario. Y también tenemos que estar atentos para que nuestras expectativas futuras no nos nublen el sol de hoy. Adquiere el hábito de honrar este momento con tu presencia; en realidad es muy sencillo, sólo hemos de prestar atención a una sola cosa cada vez. Sólo a una, pero con toda nuestra atención. Pon toda tu atención y cariño en las situaciones o personas que están delante de ti ahora, sean las que sean. Di sí a este momento y deja que se caigan todas las proyecciones mentales de un soplo. Deja que las cosas sean como son, deja que las personas sean como son y se comporten como lo hacen, no intentes cambiar ni modificar nada, sólo di sí a este momento tal y como es. Nadie debería ser diferente a como es, nada debería ser distinto porque no lo es. Si internamente dejas de resistirte, se abre una puerta a través de la cual entran la paz y la sencillez. No quieras escapar de este momento, vívelo plenamente sean tus circunstancias favorables o desfavorables, agradables o desagradables. Quédate en él. Respira profundamente y simplemente date cuenta de que en la quietud de este momento no existe ningún problema. Todos los problemas y las dificultades están ahí porque creemos en nuestros pensamientos. En lugar de despreciarlo pensando que aquí no está lo que buscas, honra este momento de vida y él te dará todo cuanto necesitas. Deja de buscar más allá lo que ya está aquí. Nuestra mente es inteligente pero necia, por eso se aleja de la felicidad al rehuir este momento. La mente necia es la que confunde el placer con la alegría; el sufrimiento entonces, como si de un semáforo en rojo se tratara, nos señala que ése no es el camino de la paz interior. Podemos y debemos tener objetivos futuros, pero sin perdernos la dicha de estar aquí haciendo lo que hacemos. Deja ir el hábito de juzgar cómo deberían ser las cosas. Este lugar y este momento son perfectos si los vivimos profundamente, no hay nada más precioso ni nada que pueda hacer brillar nuestra luz de forma más intensa.

Hábito 10: Ver el lado bueno de las cosas

> El amor y el bienestar emocional tienen su fundamento en nosotros, no fuera. Por lo tanto, para desarrollar un amor real y tener relaciones sanas, no hay otra salida que ésta: necesitamos investigar nuestra mente y nuestro corazón.
>
> Su Santidad el Karmapa, Ogyen Trinley Dorje, *El corazón es noble*

Quejarnos, criticar, reprochar o maldecir nuestras circunstancias es uno de los hábitos más arraigados de nuestra mente. Sin darnos cuenta, de esta forma abrimos la puerta a todo lo malo. Recomiendo encarecidamente leer toda la serie de *Reality Transurfing* de Vadim Zeland, publicada por Ediciones Obelisco, donde esta interesante teoría de la realidad se explica extensamente. *Reality Transurfing* es una técnica de control de la realidad a través de nuestros pensamientos y actitudes, es decir, sin influir en ella directamente. Por ejemplo, al odiar o criticar algo, tanto abiertamente como en silencio, le hacemos un hueco en nuestra vida, consiguiendo justo lo contrario de lo que deseamos. Mientras tanto, la opción fácil, que es aceptar la existencia de lo que no nos gusta y quitarlo del foco de nuestra atención consciente, nos pasa inadvertida. Cuando algo no va como nos gustaría, expresar disgusto o indignación nos mantiene en las líneas desfavorables de la vida, afirma Vadim Zeland. Con estas palabras asevera Zeland lo desventajoso que es, desde un punto de vista práctico, expresar disgusto:

> Cuanto peor piensa uno sobre el mundo que le rodea, peor se torna el mundo para él. Cuando más se amarga por los fracasos, con más gusto le vienen otros. Según la voz es el eco.
>
> VADIM ZELAND, *Reality Transurfing*

La realidad que vemos es creada, en parte, por la energía que emiten nuestros pensamientos. Vadim Zeland sostiene que podemos elegir nuestro destino si cuidamos nuestros pensamientos y actitudes; coincidiendo con lo que dijo Buda ya hace 2500 años. Para elegir bien tenemos que poner lo que nos gusta en el foco de nuestra atención. Y de ningún modo luchar o tener aversión por lo que no deseamos, pues sin duda lo obtendremos. Siempre es posible elegir lo que queremos y obtenerlo si nuestra energía está en equilibrio. Nuestra energía se desequilibra con la preocupación, la inquietud, las dudas, el miedo o el apego a los deseos. A esto Buda lo llamaba falta de ecuanimidad, Vadim Zeland lo llama darle importancia excesiva a algo. Si estamos calmados y somos ecuánimes, podemos poner el objetivo en nuestra mente, dirigirnos hacia él paso a paso y obtenerlo. Vadim Zeland le llama a esto *intención de tener*, o lo que es lo mismo, la determinación de tener y actuar, algo que va mucho más allá de un simple deseo, el cual por sí mismo no puede mover la energía si no hay una acción que lo acompañe. Si estamos en equilibrio y nos mantenemos mirando el lado bueno de las cosas, podemos elegir lo que queremos, simplemente manteniéndolo en el foco de nuestra atención. Y en caso de que lo que hayamos elegido no se manifieste en nuestra realidad, no debería tener tampoco excesiva importancia. El mundo es un espejo de nuestra actitud hacia él, pero con efecto retardado; por ello lo ideal es no aferrarnos a un resultado, sino resignarnos de antemano a una derrota, considerando que cualquier resultado es el mejor de los posibles para nosotros. Si algo no se manifiesta es porque no es nuestro o porque los frutos aún no están maduros. Si algo nos pertenece por derecho propio, una vez que nuestra energía esté en equilibrio tendrá por fuerza que manifestarse en nuestra realidad, afirma Vadim Zeland en su teoría. También muy importante para que la mejor versión de nuestra realidad se manifieste es sentirnos dignos de lo mejor y permitirnos el lujo de tenerlo. Lo mejor, dice Zeland, es escuchar a nuestra guía perfecta: el alma. Ella no piensa, sólo tiene sensaciones, por lo que al hacer nuestra elección tenemos que guiarnos por la sensación de comodidad o incomodidad que ésta produce en nuestra alma. Prestemos atención a lo que sentimos profundamente y no a la voz en nuestra cabeza. Para ello tenemos que silenciar la mente de la mejor forma que sepamos (meditación, yoga, atención a la respiración, etc.). Una vez que la mente esté tranquila, podremos escuchar a la guía que nos habla sin palabras y que reflexiona sin pensamientos. No necesitamos razonar, sólo sentir para saber el camino. Por otra parte, regálate el derecho de cometer errores y no te condenes por ello, quererse a uno mismo significa que te respetas, te concentras en tus cualidades y no intentas ocultar tus imperfecciones. Podemos elegir ver el lado bueno de las cosas y quitarle importancia a lo que nos molesta o no nos gusta. Pensar que la vida es maravillosa no es sólo una afirmación positiva, es una elección. Según el Transurfing, al tratar cualquier acontecimiento que nos sucede como algo positivo estamos eligiendo las líneas favorables de la vida. Por lo tanto, nuestra actitud no es sólo una actitud, sino que es la elección que hacemos. Si elegimos alegrarnos ante un fracaso estamos eligiendo la alegría, no importa que sea estúpido alegrarse de un fracaso, importa que estamos eligiendo estar alegres y la alegría se manifestará en nuestra vida porque es lo que hemos elegido. Además es bueno pensar que un fracaso podría evitarnos desgracias futuras; no podemos saberlo. Nuestros errores y fracasos son nuestra mayor fuente de sabiduría y de transformación, el sufrimiento nos transforma y nos vuelve compasivos; considerarlos como algo negativo es demasiado superficial. El camino hacia el éxito suele estar lleno de fracasos y dificultades. Tener retos o circunstancias difíciles es parte de la experiencia de estar vivo. Sin embargo, si elegimos lamentarnos y quejarnos, ésa será nuestra elección. Es decir, la alegría así como todas las demás actitudes son una elección. Y lo que elegimos es lo que obtenemos. Esto es lo que dice Zeland sobre nuestra actitud ante el mundo:

> El mundo, como un espejo, refleja tu actitud hacia él. Cuando estás descontento con el mundo, te vuelve la espalda. Cuando luchas contra el mundo, él lucha contigo. Cuando dejas de luchar, el mundo sale a tu encuentro.
>
> VADIM ZELAND

Es decir, se trata, de seguir luchando o de ir y coger tranquilamente lo que nos pertenece. No tenemos que cambiar el mundo ni luchar contra él. Nosotros elegimos: alegrarnos o sufrir.

Si, a pesar de todo, percibes la vida como si fuera una fiesta, entonces así será.

VADIM ZELAND

El objetivo principal de nuestra vida debería ser, según Zeland, *aquello que convierte tu vida en una fiesta*. La pregunta más interesante a hacerse entonces sería: ¿qué es aquello que convierte nuestra vida en una fiesta? Ten en cuenta que la mente siempre anhela dinero y estabilidad, pero éstos no suelen ser fuente de alegría para el alma. Así que para definir nuestro objetivo tendremos que escucharnos atentamente y ver cuál es para nosotros la verdadera fuente de alegría. Resumiendo, en el momento en que nuestra actitud hacia el mundo cambia, el mundo cambia como reflejo de nuestra actitud. En cada momento elegimos y obtenemos lo que hemos elegido; siempre que nuestra intención sea pura, es decir, libre de deseo, miedo y dudas. Si en nuestro camino encontramos obstáculos que nos desvían de nuestra elección, es por la resistencia que manifestamos con nuestras quejas, agarres y dudas. Para afinar al máximo y obtener aquello que elegimos hemos de soltar todos los agarres, permitirnos ser nosotros mismos y permitir a los demás ser como son. La mejor actitud es aquella que parte de nuestra certeza interna de que el mundo nos cuida, sin importar lo que nos suceda. A poco que pongamos atención veremos que esto es así: cada día vuelve a salir el sol, tenemos aire y oxígeno para respirar, hay flores que adornan nuestro camino, árboles que nos nutren y nos dan vida, tenemos el mar, el cielo, la lluvia, la tierra, los frutos, el pan, las personas... y se nos dan en abundancia. ¿Somos conscientes de las mil formas en que en cada momento la vida nos está sirviendo y cuidando? Adquiere el hábito de permitir al mundo cuidar de ti, mira el lado positivo de las cosas y no te aflijas demasiado por los fracasos, no luches contra tus dudas y problemas; deja un espacio para que puedas equivocarte. Elige y confía en que el mundo te está llevando hacia tu objetivo. Sin embargo, al quejarte eliges seguir dentro del problema. Tú actitud es tu elección ¿Qué estás eligiendo ahora mismo? La raíz de nuestros problemas está en enfocarnos en lo negativo. No pintes tu cielo de color oscuro, no odies, no pongas el foco en lo que no te gusta ni actúes a la defensiva. En este punto, algunas personas pensarán que las circunstancias son las que son y qué la mayoría de las veces son imposibles de cambiar. Y esto es cierto, desde fuera no pueden cambiarse, pero a través de nuestra actitud sí puede hacerse. Lo primero que tenemos que hacer es fijarnos en la actitud que estamos expresando en cada momento, pues eso es lo que estamos eligiendo. La mejor de las actitudes ante cualquier eventualidad es dejar de reaccionar de manera irascible ante las molestias, mantener la calma y actuar como si ya hubiéramos conseguido todos nuestros deseos o estuviésemos a punto de hacerlo. Busca lo bueno de ti mismo, busca lo bueno del mundo, insiste en ello, concéntrate en lo que quieres recibir, espera lo mejor pero acepta la derrota con humildad. Nuestras elecciones son irrevocables, el mundo es como el genio de la lámpara maravillosa, nuestros deseos son órdenes, por ello deja de exigir, temer, dudar o aferrarte. Permite que tu vida se vuelva cómoda y fácil, permítete ser feliz. Cuando las cosas vayan mal, no te dejes llevar por el desaliento, sigue confiando y dejando que la vida lleve el control de la situación. Como vemos, la clave de la transformación de la realidad es percibir cualquier cosa que nos suceda como positiva, mirar siempre el lado bueno de las cosas, porque ciertamente nunca podemos saber con exactitud si algo es bueno o malo para nosotros. Piensa que, sin importar lo que ocurra, las cosas van como deben ir. Por otra parte, es lícito preguntarse cómo elegir cuando no nos sentimos libres para hacerlo; cuando sentimos que nuestra vida está programada con multitud de tareas, obligaciones de todo tipo, cuando tenemos que luchar con circunstancias desfavorables o sentimos la necesidad de destacar para sobrevivir en un mundo tan competitivo, cuando tenemos que demostrarnos cada día a nosotros mismos y a los demás lo que valemos, cuando nos sentimos obligados a triunfar, a luchar contra nuestro sentimiento de culpa, contra nuestro complejo de inferioridad, nuestras dudas, miedos, preocupaciones, expectativas... Para empezar, hemos de concedernos el derecho de equivocarnos y el derecho a ser tal y como somos sin tener que cumplir con las expectativas de nadie. Por otro lado, tenemos que observar los pensamientos que nos hacen sentir culpables, inferiores, miedosos o preocupados..., sólo obsérvalos. Y recuerda que tu valor es *per se*, no tienes que hacer nada para ser valioso, sólo por ser tú mismo tu valor es infinito. Pero el valor te será mostrado cuando dejes de intentar mostrar tu valor. Por otro lado, acepta de antemano que fracasar no es un fracaso en sí, deja que las cosas sean como son y se sigan transformando por sí mismas. Si piensas que cualquier resultado es un éxito, ya has elegido el éxito y por tanto ya lo tienes.

Sentir gratitud por este momento

> Si agradeces ahora todo lo que tienes, si sientes amor por todo lo que te rodea y te ayuda a vivir, emites energía positiva. Entonces, si quieres, podrás contar por completo con que tus circunstancias mejoren.
>
> <div align="right">Vadim Zeland, <i>Reality Transurfing</i></div>

Me gusta mucho como Tulku Lobsang llama a la gratitud *el amor de sonreír*. «Cuando sonreímos, es porque algo nos gusta», dice el lama Lobsang. Ésta es una forma muy visual de describir lo que es la gratitud, porque ciertamente no sirve de nada dar las gracias si nuestro corazón no sonríe. Para ver el lado bueno de las cosas tenemos que hacerlo desde el corazón. La gratitud es un estado de reconocimiento de lo que se tiene; al reconocerlo lo hacemos real para nosotros. Es el corazón el que nos conecta con la gratitud. Sin embargo, ver la vida a través de la mente es estar en lo que nos falta. La gran limitación de la mente es que es incapaz de reconocer lo que tiene. Por eso el lado bueno no se ve desde la mente, hay que sentir para apreciar lo bueno. Adquiere el hábito de prestar atención a todo lo bueno y positivo, alégrate por ello, recuérdalo, saboréalo, habla de ello, sal en su búsqueda. Alegrarse por todo lo que tenemos en este momento es crearlo de nuevo. La mente no sabe de gratitud, siempre espera otro momento mejor para completarse, siempre necesita más. Cuando percibimos plenamente el perfume de las flores la mente no está ahí. Deja de añorar o esperar, el mundo te lo da todo cuando sabes agradecer.

La vida no es perfecta, a menos que tú así lo decidas

> Si practicas malos hábitos día a día, año tras año, es muy probable que termines enfermo.
>
> Hiromi Shinya

La vida puede ser perfecta si no esperamos nada de nadie, ni de personas ni de circunstancias. Cuando reducimos a cero las expectativas, las cosas funcionan mucho mejor. No esperar nada hace que la vida por sí misma se vaya ordenando. La perfección está dentro, no puede esperarse de personas o circunstancias externas. Cada vez que sintamos alguna punzada de decepción sobre una situación podemos preguntarnos cuáles eran las expectativas que habíamos puesto en ella. Propongo entrar de lleno en la paradoja de esperar sin esperar y de ver lo perfecto en lo imperfecto. De todas formas, ya que ahí afuera nada es lo que parece, mantener el silencio nos guarda del desgaste. Si la mente no juzga la vida es perfecta. Así que no luches por la perfección, el esfuerzo mejor empleado es el esfuerzo para acallar la mente. Para ello tendremos que probar el método que mejor nos funcione a nosotros. Si tu mundo es confuso, escucha, observa, silencia, coge perspectiva. Nada es lo que parece. Vive tranquilo, todo pasa.

La luz está en el cambio de perspectiva

> Viajamos hacia la luz.
>
> Iker Jiménez, *periodista del misterio*

No podemos cambiar el mundo... ¿O sí? Hasta ahora lo que nos queda claro es que lo externo no es controlable, sólo podemos cambiar nuestra actitud, que es la que nos da una nueva perspectiva de las cosas. Una crisis nos suele cambiar la forma de ver la vida y un pequeño despertar sucede al cambiar nuestra mirada..., pero ¿cómo hacer para que nuestra mirada cambie sin necesidad de una crisis? La respuesta sería dando espacio a todo: cosas, personas y situaciones, dejar de reaccionar como robots y de meter todo en nuestra vara de medir. Pongamos silencios mentales mientras realizamos una actividad, entre actividad y actividad o dentro de cualquier tipo de conversación o comunicación. En lugar de juzgar, observa tu respiración, haz esto una y otra vez hasta que te funcione. La luz entrará por ese espacio sin palabras o pensamientos y reflejará la claridad y la belleza que en realidad habrás puesto en ti. Desde esa luz todo tu mundo habrá cambiado.

Nada que hacer, ningún lugar a donde ir

> Todo cuanto necesitan los seres humanos es despertar a su auténtica naturaleza y vivir como personas corrientes.
>
> THICH NHAT HANH

El título de este apartado es el nombre de un libro escrito por el maestro vietnamita Thich Nhat Hanh en el cual nos dice que «lo importante no es el objetivo que perseguimos —aunque éste sea alcanzar el despertar—, sino vivir cada momento de nuestra vida cotidiana de una forma verdadera y plena». Podemos aspirar a la felicidad si la definimos como algo cercano y factible, si aprendemos a estar plenamente presentes; lo cual es una ocupación para toda la vida. No hay nada externo que buscar, sólo vivir plenamente lo que toca. Cada momento de nuestra vida tiene los ingredientes necesarios para sentirnos plenos. El problema es que estamos enfocados en lo que no tenemos en lugar de enfocarnos en lo que tenemos. No hay nada que tenga que suceder ni ningún lugar al que debamos ir, lo que nos hace felices no es lo que nos rodea, sino los pensamientos que tenemos en nuestra cabeza. Como dice la maestra espiritual Byron Katie, la relación más importante de nuestra vida es la que tenemos con nuestros pensamientos. Cada deseo cumplido no es más que un instante de placer, una emoción pasajera que no podemos confundir con la felicidad que hallamos al no aferrarnos a nada, al no quedar atrapados ni en la tristeza ni en la alegría. Sentirnos completos es algo que sucederá por sí solo cuando nos rindamos a la vida tal y como es, cuando dejemos de buscar y nos dediquemos a ser aquí y ahora lo que somos, dejando de mendigar algo que nadie puede darnos. En la misma dirección apunta Emilio Carrillo en una de sus charlas, «Aun dentro de la noche más oscura seguimos iluminados. –Y añade–: No hay nada que desear o que conseguir porque ya somos». El alma juega a no tener, pero no olvidemos que esto es sólo un juego, pues ya lo tenemos todo. Jugando al olvido el alma busca la luz que ya lleva dentro y mientras más se adentra en la jungla de lo externo, más pierde de vista su brillo interior. La quietud es entonces la guía de vuelta a una luz que se desdibuja en nuestro incesante movimiento, como dijo el poeta Rumi, «Deja que el silencio te lleve de nuevo al centro de la vida».

Unas palabras a modo de conclusión

La luz que nos enamora de la vida

En mis peores momentos, he salido del oscuro mundo de la desesperación obligándome a mirar firmemente, durante un largo rato, una sola cosa que me pareciese magnífica: el rojo encendido del geranio tras la ventana de mi dormitorio. Y después otra: mi hija con su vestido amarillo. Y otra: la silueta perfecta de la esfera completa y oscura que se dibuja tras la luna creciente. Hasta aprender a enamorarme de nuevo de mi vida. Como la víctima de una embolia que entrena nuevas partes de su cerebro para recuperar las habilidades perdidas, yo me he enseñado a mí misma la alegría una y otra vez.

BÁRBARA KINGSOLVER, *Marea alta en Tucson*

Dejando de seguir a la mente en su pensar, ganándole la batalla una respiración consciente tras otra, viendo pasar los pensamientos, sin seguir ni tampoco rechazar ninguno, vamos entrando en la vida real de las cosas. Estos hábitos de vida que te he presentado tienen el objetivo principal de volverte más presente. La presencia que pones en tu vida arroja luz sobre todo lo que miras y te permite percibirlo de otra forma. Te he propuesto un pequeño esfuerzo por salir de lo racional, por dejar de enredarte en tus pensamientos y emociones. Si tu corazón no juzga, si tu mirada no está obstaculizada por el filtro de la mente verás más luz. En el espacio entre tus pensamientos mirarás un rostro amado y te parecerá verlo por primera vez, el silencio ya no te parecerá algo vacío y sin sentido sino que cada paso consciente le dará nuevos significados. Si mientras caminas le vas dando espacio a tu vida te volverás más receptivo a la belleza que hay en todo; a las formas, los colores, los sonidos, los perfumes…. La luz que está en ti se hará cada vez más cercana cuando vivas conscientemente.

Cuando el árbol está empezando a echar brotes es hermoso; cuando crece y se expande es hermoso; cuando es verde, es hermoso; cuando llega el otoño y sus hojas amarillean, es hermoso; y cuando al llegar el invierno las hojas caen, también es hermoso.

Thich Nhat Hanh sobre las enseñanzas del maestro Linji

Agradecimientos

Gracias a la vida.

Gracias al sol, al mar, a la tierra, al aire, al cielo, a las nubes, a la lluvia, a los frutos, a las flores, a la gente, a mi gente, a los amigos, gracias a ti que me lees y también a ti que no.

Gracias a mi corazón, a mis ojos, a mis pulmones, a mis manos, a mis piernas y a mis pies y por extensión a todo mi cuerpo; el vehículo que me permite estar aquí y sentir.

Gracias a la arena de la playa, a los amaneceres y a las puestas de sol. Al sonido de las olas, a los reflejos del sol en el agua del mar, a los cielos llenos de estrellas, a los ríos y a los árboles, a las montañas y al agua clara que corre sin cesar montaña abajo.

Gracias al silencio de la mañana, al crepitar del fuego, al ruido de la lluvia al caer, a los espacios abiertos que nos dan oxígeno y libertad.

Gracias a los cafés que propician encuentros, a la música que pone la banda sonora de nuestra vida y al chocolate que nos la endulza.

Gracias a la salsa de la vida, a la que se unta en el pan y a la que se puede bailar.

Gracias a tu sonrisa que está ahí aun cuando no hay sol, a tus oídos y a tu corazón, que me mira y me escucha sin juzgarme.

Gracias al pan, al té de sabores, a los entrantes, los primeros, los segundos y los postres, en especial los que llevan chocolate.

Gracias a la meditación, al yoga y a la paz del corazón.

Gracias a los besos, a los abrazos, a los ojos que me miran para verme mejor, a tu piel.

Gracias a la literatura, al cine, a las palabras de amor y a la poesía.

Gracias a los libros y a las películas que nos hacen reír, llorar, vivir otras vidas y aventuras, nos motivan y nos elevan o nos mueven a la reflexión con su sabiduría.

Gracias a la imaginación que convierte nuestros sueños en realidad,
Gracias a sentir, a escribir, a compartir, a vivir.

Maite Bayona

Bibliografía

BACHMANN, R. M. y SCHLEINKOFER, G. M.: *Guía práctica de la hidroterapia Kneipp.* Integral, 1998.

BECKER, B.: *Insomnio.* Plaza & Janés, 1995.

BEYER, K.A.: *La cura de savia y zumo de limón.* Ediciones Obelisco, 1992.

CHRISTMANN, V.: *La flor del yoga.* Libros Cúpula, 2001.

COLLARD, P.: *El pequeño libro del mindfulness.* Gaia ediciones, 2014.

DURÁN SERRANO, Y.: *Enamorada del silencio.* Trompa de elefante, 2013.

D'ORS, P.: *Biografía del silencio.* Siruela, 2015.

EASWARAN, E.: *Tu vida es tu mensaje.* RBA Libros, 2000.

ESTIVILL, E. y AVERBUCH, M.: *Receptes per dormir bé.* Debolsillo, 2007.

ESTIVILL, E. y DE BÉJAR, S.: *¡Necesito dormir! Plaza & Janés, 1997.*

GREEN, F.: *Smoothies, la solución antioxidante.* Lunwerg, 2015.

HENEPOLA GUNARATANA, B.: *El libro del Mindfulness.* Kairós, 2012.

KATIE, B.: *Cuestiona tu pensamiento, cambia el mundo.* Editorial el Faro, 2011.

LOBSANG, T.: *Amor y salud, el amor es la mejor medicina.* Emptinez, 2013.

—: *¡Líbrate del síndrome de burnout!, una perspectiva tantrayana.* Emptinez, 2012.

LÜTZNER, H.; MILLION, H.; HOPFENZITZ, P.: *Fasten. Selbständiges Fasten für Gesunde-Schritt für Schritt zum richtigen Essen und zu neuem Selbstbewusstsein.* GU Gräfe und Unzer, 1995.

MORRISON, J. H.: *Ayurveda, la medicina de la India.* Martínez Roca, 1995.

NHAT HANH, T.: *Estás aquí, la magia del momento presente.* Kairós, 2011.

—: *Lograr el milagro de estar atento.* Ediciones Librería Argentina, 2006.

—: *Mindful movement.* Parallax Press, 2008.

—: *Nada que hacer, ningún lugar a donde ir, despierta a tu verdadero yo.* Oniro, 2010.

—: *Planting seeds, practicing mindfulness with children.* Paralax Press, 2011.

—: *Silence, the power of quiet in a world full of noise.* HarperOne, 2015.

NHAT HANH, T. y CHEUNG, L.: *Saborear, mindfulness para comer y vivir bien.* Oniro, 201.

PALMO, J. T.: *Into the heart of life.* Snow Lions, 2011.

PUDDICOMBE, A.: *Mindfulness atención plena, haz espacio en tu mente.* Edaf, 2010.

SHINYA, H.: *La enzima para rejuvenecer.*

—: *La enzima prodigiosa, una forma de vida sin enfermar.* Prisa ediciones 2005.

SNEL, E.: *Sitting still like a Frog, mindfulness Exercises for kids.* Shambala, 2013.

VINYES, F.: *Hidroterapia, la curación por el agua.* Integral 2004.

ZAPLANA, C.: *Zumos verdes.* Grijalbo, 2015.

Contacta conmigo

www.maitebayona.com
maitebayona2@gmail.com
Para:
***Método LoveSmileLive,
en 8 pasos a la vida de tus sueños AmaSonríeVive***
El método para amar mucho, sonreír a menudo y vivir bien.
Aprende a utilizar la herramienta del Mindfulness
(Atención Plena) para adquirir la excelencia personal y profesional.
Sesiones presenciales u online, personalizadas o en grupo.
Talleres y conferencias *sobre:*
Mindfulness, *atención plena, vivir en el presente,
dar sentido a la vida, amor y apego, dependencia emocional
o hábitos de vida saludables.*

Índice

Introducción 9
Definición de luz 9
Aprovechar la inercia del hábito 11
De la información a la sabiduría y de la teoría a la práctica
a través de los buenos hábitos 12
Coherencia y plenitud 13
Profundizar en el amor a uno mismo a través
de las pequeñas rutinas cotidianas 15
Una felicidad que hay que trabajarse 16
La importancia de la disciplina 19

La totalidad de la vida 21
Los canales externos 23
Los canales internos 24
Hábito 1: Vivir con atención 25
Paso 1: Respirar conscientemente 27
Paso 2: La atención a través de los cinco sentidos 33
Paso 3: Poner atención para experimentar la vida
a través de los demás 35
Paso 4: Transformar las energías negativas a través de la atención ... 40

El cuerpo 43
Escaneo corporal (ejercicio de atención plena o *mindfulness*) 48
Hábito 2: Dormir bien 50
Hábitos saludables para dormir bien 52
Hábito 3. Comer conscientemente 53
Hábitos saludables de comida 55
Comiendo con *mindfulness* 57
Perder peso con *mindfulness* 58
La salud por el ayuno (técnicas depurativas) 61

Hábito 4: Muévete 67
    Bailar 69
Hábito 5: La hidroterapia como autocuración y relajación 71
    La hidroterapia, un poco de historia 71
    Experiencia personal 74
    Ejemplo de un circuito termal 74

El cuerpo y el alma 79
Hábito 6: El movimiento consciente 81
    El Yoga 81
    10 movimientos conscientes (Thich Nhat Hanh) 92
    Caminar conscientemente o *mindful walking* 102
    Cantar 103
Hábito 7: La meditación 108
    La meditación sentada (ejercicio de meditación *mindfulness*) 109

El alma 113
Hábito 8: El silencio 115
    Cómo el silencio puede transformar tu vida 116
    Los frutos del silencio 116
    Abriendo espacios de silencio 123
    Escuchar desde el silencio 124
    Dar un paso atrás 125
    Ser sin necesidad de ser nada 126
    El descanso necesario 127
Hábito 9: Honrar este momento (Decir sí a este momento) 128
Hábito 10: Ver el lado bueno de las cosas 130
    Sentir gratitud por este momento 136
    La vida no es perfecta, a menos que tú así lo decidas 137
    La luz está en el cambio de perspectiva 137
    Nada que hacer, ningún lugar a donde ir 138
Unas palabras a modo de conclusión 139
    La luz que nos enamora de la vida 139
Agradecimientos 141
Bibliografía 143